LE BONHEUR
Tableaux et bavardages

Du même auteur

Aux éditions du Rocher

La Cinquième Saison
Un été pour mémoire
Le Buveur de temps
Le Miroir de ma mère (avec la collaboration de Marthe Delerm)
Autumn (prix Alain-Fournier 1990)
Les Amoureux de l'Hôtel de Ville
Mister Mouse
L'Envol
Sundborn ou les jours de lumière
Panier de fruits

Aux éditions Champ Vallon

Rouen, collection « Des villes », Grand Prix de l'Académie de Rouen, 1987

À la N.R.F.

courts textes en prose regroupé sous les titres :
Le Bruit de la dynamo ; *La Sieste assassinée*

aux éditions Milan (pour la jeunesse)

La Fille du Bouscat
C'est bien
En pleine lucarne
Surtout, ne rien faire

au Mercure de France

Il avait plu tout le dimanche

à L'Arpenteur

La Première Gorgée de bière et autres plaisirs minuscules

aux éditions Magnard (pour la jeunesse)

Sortilège au Muséum
La Malédiction des mines

aux éditions Stock

Les chemins nous inventent

PHILIPPE DELERM

LE BONHEUR
Tableaux et bavardages

ÉDITIONS DU
ROCHER
Jean-Paul Bertrand

ISBN 2 268 02927 1

à Michel Maymat,
à ceux qui l'ont perdu
au courage du jour
aux ondes du bonheur
qui se propagent
au-delà du silence
à l'amitié qui commençait
par un très joli soir d'été.

« Lorsque la famille était réunie à table, et que la soupière fumait, Maman disait parfois :

— Cessez un instant de boire et de parler.

Nous obéissions.

Nous nous regardions sans comprendre, amusés.

— C'est pour vous faire penser au bonheur, ajoutait-elle.

Nous n'avions plus envie de rire. »

Félix Leclerc. *Pieds nus dans l'aube*

Le bonheur est fragile. Tu n'es pas funambule et tu avances pas à pas. Tu ne sais rien des jours, tu glisses sur un fil, au loin tu ne vois pas. Si tu regardes en bas c'est le vertige, ne regarde pas. En bas tous les oiseaux se glacent et tous les hommes se protègent. Tu marches un peu plus haut, mais le bonheur est difficile. Tu risques à chaque pas, tu avances docile. A chaque risque le bonheur est là. Tu avances vers toi ; le bout du fil n'existe pas.

Tableau I

Plein juillet à Léon, dans la petite location que nous avions prise pour les vacances de l'année dernière. Protégés du soleil par des claies ajourées de bambou blond, on peut déjeuner à midi, dehors, sur la table accotée à la maisonnette d'été. Tu me demandes d'aller chercher du pain dans la cuisine. Vaguement assoupi de chaleur, de soleil, de la baignade du matin, je me lève et j'y vais. Je saisis la baguette sur le réfrigérateur, et relève la tête. Par la fenêtre haute, au-dessus de la cuisinière, je vous vois. Vous ne me regardez pas. Je vais lancer une bêtise, sans trop chercher, pour vous faire sourire, pour que Vincent fasse le clown et que vos rires fusent sur le silence d'été. Mais la bêtise ne vient pas, pourquoi ? Je sens qu'il faut me taire et prolonger cette image incertaine, encore superficielle et dans la vie, encore en mouvement mais qui va s'arrêter. Le propriétaire a posé sur la vitre un papier adhésif prosaïque à peine translucide — pour protéger quelle vague intimité ? A travers ce halo, vos gestes apparaissent nimbés de flou, d'un liseré de lumière blanche, à contre-jour. Vincent te pose des questions, tu lui réponds. C'est comme au cinéma ; vous bougez simplement dans le champ de la caméra pour un ralenti de bonheur impressionniste.

Moi je ne suis plus rien ; une image me voit, elle m'arrête, elle m'invente. Ce n'est pas celle du bonheur perdu ; je ne suis pas au cinéma, et je deviens l'inverse d'une caméra. Une image me regarde. Tu as ta robe un peu western à carreaux bleus et noirs. Tes cheveux sombres relevés en chignon natté dansent sur fond de branches de noyer. Les bras fébriles de Vincent passent et repassent sur les taches de lumière, son rire clair sonne, s'arrête dans l'espace. Je sais. Je ne serai jamais plus heureux que maintenant. Je dis le nom de mon bonheur ; il me fait peur soudain, et me donne la chair de poule. Tant pis. Vous êtes là, tout près, vous ne me voyez pas. Pourquoi est-ce si triste à prononcer, ces mots soudain désemparés, soudain si frêles et menacés ? Je les répète malgré moi, c'est le bonheur, et tu me vois soudain, ton regard me délivre.

Thriller

Je suis heureux. Est-ce que ça va durer ? Voilà le sujet de ce livre. Ce sera un thriller, le plus authentique du siècle. Je suis cerné de toutes parts, et jusqu'au fond de mon terrier. Sur chaque page va planer une menace de mort ou de cancer, d'accident de voiture, de mal de vivre, simplement. Mais je suis fort, j'ai plein de munitions, je vous en parlerai. Si la menace se précise, vous la vivrez au cœur de mon sang, de mon encre. Si j'en réchappe, nous partagerons le butin. Peut-être. Est-ce que ça va durer ?

Je suis heureux. Ce sont les premiers mots. Je pèse leur défi, et leur part d'inconscience. Il paraît que le siècle a mis dans le cœur de chacun cette idée de bonheur, ce luxe douloureux, ce paradoxe, conscience aiguë de la fragilité, désir d'y échapper. Mais plus l'idée pénètre et moins le mot se chante. Au cinéma, c'est toujours du flash-back, la scène du bonheur noyée de nostalgie. Deux bicyclettes dans un bois d'automne, un pique-nique en plein soleil. Le bonheur c'est avant, dans les yeux du héros. Le bonheur c'est après, dans les pièces de Marivaux. L'amour est à côté, légèrement aveugle, juste assez pour se rater. Le dénouement arrange tout, mais ce bonheur promis à la fin du spectacle est celui qui n'existe pas, qu'on ne peut montrer au théâtre.

Bonheur. Espoir et nostalgie l'encadrent, et sont ses lettres de noblesse, comme un voile pudique et nécessaire. Pourquoi ? Pourquoi celui qui parle du bonheur est-il toujours celui qui meurt, qui rêve ou désespère ? Pourquoi y a-t-il de la pudeur à parler du bonheur perdu, de la naïveté à nommer le bonheur qui passe ? C'est vrai qu'ils sont plus simples à déceler, le bonheur du passé, le bonheur de demain, plus simples à inventer, plus douloureux peut-être ? C'est vrai qu'il faut, pour entendre celui qui passe, une attitude de repli, d'égocentrisme forcené, dans un village de soi-même où le silence devient supportable.

Tu es heureux, tu es en faute. Voilà ce que certains me disent, et je ne les crois pas. Bien sûr, ils prennent en me parlant les précautions d'usage. J'aime beaucoup ce que tu fais, mais *on pourrait te reprocher* de ne pas traduire la violence du siècle. La violence du siècle ; je la ressens, je la côtoie. Je ne la dirai pas.

Je suis heureux. Ce sont les premiers mots. Mais pesez leur mépris, et leur part, d'insolence. Je vais parler de mon bonheur. Je serai forcément moins amer que sucré, plus doux que révolté, et plus ici qu'ailleurs. Mais je connais la violence du siècle. Si j'ose prononcer le mot bonheur, le siècle dit cocon, cucu, tout mièvre, tout fadeur. Et si je dis bonheur-silence on ne m'entendra pas. Alors il faut un peu d'acide, au seuil de ces pages en danger, tout juste pour montrer combien c'est plus facile.

Je dis le mot bonheur au seuil d'un livre. Je dis le mot bonheur dans un monde tordu — celui de la littérature. Je sais de quoi je parle, et tout le prix de désespoir et de mélancolie qu'il faut payer pour y entrer, quand on est simplement de ceux qui envoient cœur battant leur manuscrit par la poste. Le jeu vaut la chandelle, tant pis si on s'y brûle un peu les ailes, et si je suis heureux, c'est d'avoir gagné à ce jeu. Mais soyons aigres, juste un peu.

Il y a quelques années, j'avais adressé à des éditeurs le manuscrit d'un livre qui existe aujourd'hui, *La cinquième saison.* Le silence dans ces cas-là est presque tolérable. L'espoir, par contre, est difficile à supporter. Or, un matin, un coup de téléphone m'apprenait que c'était presque fait. Le comité de lecture était très enthousiaste, et Monsieur le grand patron emportait le manuscrit pour le déguster au week-end. Une semaine après, le couperet tombait, avec un commentaire ; Monsieur le grand patron avait trouvé que ce n'était pas tout à fait le ton de la maison. Longue tristesse, et dix-huit de tension.

C'est là que se greffe l'aigreur. Au printemps de cette année-là fleurissait dans les librairies une affiche vantant les charmes d'un ouvrage de la même maison écrit par un chanteur connu, un chanteur à littérature. Je parcourus le livre. Dans une langue par ailleurs très plate, l'auteur nous racontait comment depuis l'enfance il s'y prenait pour émettre des pets. Attention, je ne prétends pas que sa seule réputation lui ait valu tout ce tapage. Le sujet — un peu défraîchi par Rimbaud, si j'ose dire — avait son importance. La seule différence, c'est qu'à l'époque de Rimbaud, il était provocant, et vous valait malédiction sociale. Mais *dans la violence du siècle*, il devenait de pure convention. L'éditeur avait su reconnaître je suppose tout à fait le ton de sa maison.

Je fis donc l'équation hâtive que voici : on m'avait préféré un auteur parce qu'il était connu et qu'il parlait du pet. Vous comprenez l'aigreur, je pense, elle est je crois de nature à changer quelque peu l'éclairage de mon sujet. Je ne suis pas tout nuageux, tout rose. Mais je commence un livre où il ne sera plus question du pet. Pardonnez-moi.

Hormis le pet, je vous dirai donc tout de mon bonheur. Presque tout. A l'heure des aveux, autant le dire tout de suite. Je ne parlerai qu'assez peu de ma sexualité. Comment ? Mais oui. Mes convictions m'empêchent d'aborder ce sujet trop en détail. Non pas qu'il n'ait sa place décisive, au cœur de mon bonheur. Mais je fais partie des adeptes discrets d'une confrérie secrète — je suis pour la sexualité des souris d'Angleterre.

Je sens bien l'excessive abstraction de mon discours. Voici quelques images...

De la sexualité des souris d'Angleterre

à Marie-Ange et Alain

Un trou de souris anglais, du tabac, de la bière, des confitures, des bouquins. Dehors c'est la nuit noire d'hiver bleu, par un bout de fenêtre à carreaux minuscules. Pendeloques de glace, neige de sucre et de cristal, au loin quelques halos dorés de lumière tremblante — il y a du voisinage. Un gros fauteuil bien rembourré, éventré juste ce qu'il faut — une poignée de paille au travers du velours, sur un des accoudoirs ; tout juste un peu de rêche agaçant sous les doigts pour mieux sentir la caresse distante du velours passé de l'ensemble, rose éteint ravivé par les lueurs du feu de cheminée, tout près. Un bon vieux fauteuil tout en courbes et qui n'en finit pas de glisser vers le bas, de s'épanouir en vagues déferlantes, jusqu'à étouffer de son poids les pieds de bois courtauds et ronds. Dans l'armature un peu raidie par les ressorts usés, il y a de la place, beaucoup trop : il faut évidemment d'énormes coussins de soie prune, dans le dos, sous les fesses, et même dans les coins. Il faut bien sûr, tout en haut du dossier, un appuie-tête de lin empesé, brodé de fil rose fuchsia, vert pomme — un appuie-tête n'appuie-rien, car on est ramassé dans le creux, dans le bien, et l'on n'a pas envie de s'étendre si loin.

Il faut surtout, c'est entendu, oublier la nuit bleue, le feu, la douceur des coussins. Faire semblant d'oublier tout cela ; il faut lire un bouquin. Un bon bouquin qui raconte une histoire. On le prend dans ses mains, et on tourne les pages ; on fait semblant de suivre les mots noirs, pour arriver jusqu'à l'image, ou bien plus loin, pour s'embarquer, pour avoir peur. Il faut avoir très peur : la mer, la nuit, les falaises et le large, des mots cinglants de pluie glaciale, des cris sans bouche et des chocs sourds contre le bois vermoulu du navire. Voilà, on y est presque, on peut commencer à tricher ; mine de rien naviguer vers le port. Sur chaque mot d'Ailleurs ajouter en écho la nuit paisible du village, le feu chantant, la douceur des coussins. C'est le meilleur moment. On est encore un peu dans la peur et le large — lueur du port en vue. Bientôt les mots continuent sans voyage ; on caresse les pages, on ne les tourne plus. C'est un très bon bouquin qui ne raconte rien — qui raconte très bien dehors c'est doux qu'il fasse froid, dedans le feu jaune et bleu chante, sur les coussins de soie prune affaissés le temps ne passe pas.

A portée de la main, du tabac pour la pipe, une chope de bière. De la bière un peu rousse dans un pot de grès frais, écume tiède sur les bords. Avant de boire, on tourne lentement la chope. On regarde : blond vénitien d'amertume légère, plaisir du nord, meilleur d'être trop fort. Quand on revient d'un voyage en bouquin, cet océan qui tourne au creux de votre main, avec des zones d'ombre goudronneuse et des flamboiements presque rouges, ni rubis ni grenat, insaisissable lave de saveur, chaleur froide, délice empoisonné qui râpe un peu la gorge rien qu'à regarder.

On repose la chope et on reprend sa pipe. Il faut la rallumer, c'est toujours une patience, des gestes ronds et calmes, le craquement crayeux de l'allumette, quelques bouffées exagérées pour amorcer la plage de temps pur. L'odeur de figue chaude monte dans la pièce, fibre de bois au goût de miel, on peut lever les yeux. Alors on devient tout, dans la fumée d'ambre et de fruit : le beau désordre de la pièce ; partout des petits meubles ouverts; dedans, dessus, on a entassé des photos de souris de famille, des herbes sèches, de la monnaie du pape, des lanternes vénitiennes ; des vieux tapis mités se chevauchent sur le plancher. On déguste, on est bien, et l'on fume le temps dont les choses ont parlé.

Un autre parfum chaud se mêle peu à peu à celui de la pipe ; une odeur de verger, de sucre caramélisé ; Mrs. Mouse fait rôtir des pommes dans la cheminée. Des pommes-fruits qui sentent l'herbe d'Angleterre et le four à gâteaux ; sur un fil tendu dans les flammes, les pommes de l'automne enfoui se dorent et crissent en bulles appétissantes.

Mais je sens déjà qu'on s'inquiète. Mrs. Mouse en tablier Laura Ashley rose et blanc à rayures, avec un gros nœud de satin parme à la ceinture, Mrs. Mouse ne doit pas vraiment être une souris libérée ? Sans doute elle prépare toute la journée des tartes au citron meringuées, des puddings et des tourtes fromagées, dans la cuisine du terrier ; elle s'étouffe un peu dans les vapeurs sucrées, regarde en soupirant les chaussettes dégoulinantes et rapiécées qui pendent aux solives du plafond, entre les feuilles de menthe et les grenades ? Sûrement Mrs. Mouse ne connaît que le dedans, et toutes ces saveurs du soir ne profitent vraiment qu'à l'avachissement de Mr. Mouse ?

Vous n'y êtes pas du tout — on peut vous pardonner. On ne sait pas assez que la vie des terriers est tout à fait communautaire. Pour ramasser les mûres, les baies de sureau lie-de-vin, les faines et les prunelles, Mr. et Mrs. Mouse s'échappent tour à tour, et glanent aux buissons les récoltes d'hiver. Puis, les pattes gelées, ivres de vent glacé, ils s'en reviennent au terrier ; et c'est un bon moment, quand la petite porte ronde en bois de chêne glisse un rai d'ombre jaune sur le bleu du soir. Mr. et Mrs. Mouse sont du dehors et du dedans, dans la communauté des biens et des climats la plus complète. Pendant que Mrs. Mouse prépare le vin chaud, Mr. Mouse s'occupe des enfants. En haut du lit superposé, Timothy lit un album illustré. Mr. Mouse aide Benjamin à enfiler un pyjama molletonné d'un bleu de lait très doux pour les rêves de neige.

Voilà. Les enfants sont couchés. Mrs. Mouse fait flamber le vin chaud près de la cheminée. Ça sent le citron, la cannelle ; de grandes flammes sèches, une tempête bleue. Mr. et Mrs. Mouse savent attendre et regarder. Ils boivent lentement, et puis ils vont s'aimer. Vous ne le saviez pas ? C'est vrai qu'il faut le deviner.

Ne comptez pas sur moi pour vous dire en détail l'amour des souris dans les couettes en patchwork, les lits profonds de merisier. Il est juste assez bon pour qu'on n'en dise rien. Car il faudrait pour savoir en parler tous les parfums, tout le silence, tout le talent et toutes les couleurs de la journée. On fait déjà l'amour en préparant le vin de mûre, la tarte au citron meringuée, on fait déjà l'amour en sortant dans le froid pour y gagner l'envie de chaud et de rentrer. On fait l'amour de tout l'aval de la journée, comme on ménage ses patiences. C'est un amour très chaud et très présent, invisible pourtant, l'amour des souris dans les couettes. Rêvez un peu, imaginez ; ne dites pas de mal de la sexualité des souris d'Angleterre.

Tableau II

Le mercredi matin, le boulanger fait des chouquettes, juste un peu caramélisées, saupoudrées de flocons de sucre. A côté des baguettes elles attendent les clients, déjà rangées par paquets de cent grammes, dans un petit sachet — vous savez bien, de ce papier léger qui donne envie de le gonfler...

C'est mercredi. Il pleut, d'une pluie longue et froide qui va durer, j'espère. Dans la boulangerie, les gens se désolent par habitude, ou font semblant.

— Eh ben, si on s'croirait en septembre !

— Nous, on a rallumé hier. C'est pas encore c't'hiver qu'on va faire des économies de fuel !

Dans le magasin chaud aux vitres embuées, on

s'attarde pour quelques phrases, comme si l'on avait trouvé un havre au bout de l'enfer mouillé du dehors. Mais je soupçonne les Normands d'aimer la pluie autant que moi. Sortis de la boulangerie, ils ne se pressent pas, et, tête nue le plus souvent, s'arrêtent volontiers pour bavarder sur le trottoir, de rive en rive par-dessus la rue. Il est toujours question de temps épouvantable, mais l'épouvante a ses micro-climats ; ici, elle n'épouvante pas. On dit « C'est désolant ! », d'un ton serein, presque avec le sourire.

Je m'y suis mis, depuis quelques années, je le confesse, et je dois dire que c'est délicieux. Pour la communication sociale on met un parapluie, on se recouvre de grisaille et de cafard ; bien protégé sous ce manteau d'ennui, on jubile à part soi. S'il fait mauvais dehors, c'est qu'il fait bon dedans, mais ça, bien sûr, on ne le dira pas. On le garde jalousement, comme si le plaisir de café chaud, de corolle d'opaline allumée dans la cuisine du matin, de chouquette du mercredi, s'effarouchait du moindre aveu. Pour le plaisir surtout, chaque homme reste une île. Une île dérisoire, même un peu ridicule — car chacun plus ou moins connaît la saveur du dedans les jours de pluie ; il n'y aurait pas grand risque à s'aborder en se disant :

— Il pleut. Comme il fait bon dedans !

Mais non. C'est bien meilleur quand c'est caché. Voilà sans doute un sentiment petit-bourgeois ; il en a le confort et la perversité légère, cette conscience infime de culpabilité qui fait le temps à déguster. Bourgeoise également — mais bien peut-être paysanne aussi — cette certitude que le plaisir s'en va quand les mots veulent le nommer. Le comble du raffinement, le grand plaisir extrême, serait de se le cacher à soi-même... Mais là, vraiment, c'est un peu dur. Il pleut, c'est mercredi. Le chat s'est engouffré dans la porte entrouverte, ça sent le café chaud, tu as pris des chouquettes ?

Intérieur

Désordre et inconfort, quel bonheur de vous retrouver ! Voilà ce que je me répète avec satisfaction quand je reviens chez moi, après un long séjour chez les autres. Non pas que j'aie connu ailleurs un luxe fastueux. Je vais en général chez des parents, chez des amis, socialement proches de ma médiocrité, dans un gîte rural — en Alsace, à Kinzheim, sur la route des vins, une semaine trois cents francs, l'automne y est splendide et le vin nouveau succulent. Quand je pars en Belgique, je dors dans un hôtel modeste à Lille, parce que Bruges est trop cher. Rien à faire. Ailleurs est toujours plus cossu, plus net et plus guindé, affreusement plus confortable.

J'habite dans un joli bourg, en Normandie, tout

contre une forêt, avec une rivière, une abbaye, tout ce qu'il faut pour attirer le Parisien dominical. On voit déjà les géraniums et les volets pimpants. Mais non. Dans ce décor affriolant, ma maison s'est choisi la rue la plus austère : toute droite et pluvieuse, de la poste à la gare en chapelet serré, cubes de briques rouges, coron sans crassier, c'est l'ennui gourd et la curiosité stagnante — d'affreux camions font vibrer les carreaux, dans l'abrutissement des après-midi sans écho. De la poste à la gare, comme un long corridor ; au milieu de ce rien, le 18, c'est chez moi, la grille blanche dentelée de rouille, la cour gravillonnée bordée de plates-bandes squelettiques, la vigne vierge commençante qui rêve d'abolir ce volume anonyme sous une gangue de fraîcheur légère.

La chaudière ancestrale est dans la cour, tendrement sise au creux d'un petit cabanon de jardinier. Pour la porte d'entrée, au risque d'offenser Musset j'affirme qu'elle n'est jamais ouverte, ni fermée — on sent déjà tout le délice aux jours d'hiver, quand amoureusement il faut réchauffer au séchoir le fuel gelé dans les conduites.

Il n'y a pas de sous-sol, et, comme vous savez peut-être, il pleut, en Normandie. Cette caresse humide se traduit à l'intérieur par d'artistiques auréoles sur le papier peint, parfois de minuscules éboulements de poussière rougeâtre. Quant au chauffe-eau, je sens quelque scrupule sémantique à le nommer encore ainsi ; depuis dix jours il se refuse obstinément à propulser jusqu'à l'étage une eau qui savait pourtant quelquefois se faire presque tiède.

Mais c'est aux petits coins qu'on juge les maisons. Mon frère possède en ce domaine délicat une petite merveille, à antichambre-vestibule, à siège caréné de bois chaud, dans sa maison d'ancienne bourgeoisie. La chasse d'eau est très lointaine. On ne peut l'actionner que debout, dans une déférence hiératique pour la solennité des lieux. Ailleurs, j'en ai connu d'horriblement douceâtres, moquettés, chargés d'effluves de violette ou de rose alanguie, d'un écœurant confort qui vient impudemment vous reprocher la barbarie de l'acte en en minimisant les conséquences. Chez moi, pas de danger. L'humilité du lieu vous ramène d'emblée à la simplicité originelle. L'espace est si réduit qu'il faut modestement courber la tête pour y pénétrer. A l'intérieur, un coulis de vent frais passe sous le petit carreau mal dépoli. Quelques très vieux journaux et magazines vous invitent narquoisement à prolonger l'opération, ce qui serait bien héroïque. Enfin, je possède en ce lieu un baromètre indiscutable pour juger de la délicatesse de mes invités : à la moindre violence, la chasse d'eau s'ébranle en furieuses saccades de reproche hydraulique.

Pour toutes ces raisons déjà, je suis amoureux de chez moi. Il y a des maisons fonctionnelles — un mot affreux pour désigner de négatives qualités, l'absence de désagréments, la fluidité des gestes et du décor, la transparence. Ici, c'est le contraire ; à chaque pas, la maison se rappelle à moi ; tout est problème, aspérité — tout est présence.

Depuis dix ans, je suis heureux, dans la précarité du sanitaire, l'humidité des murs et l'inconfort de tout. Je ne sais rien du bricolage ; au lieu d'exalter les ravages du salpêtre, je pourrais prendre la truelle. Cela m'arrange bien, mais je crois que le résultat serait désastreux. Ma maison est coquette ; elle aime bien qu'on aime ses défauts. Elle n'est pas fonctionnelle, et je bricole avec des mots; nous sommes heureux ensemble. Je lui laisse son âme vieillotte et frondeuse; elle m'abandonne en retour un décor nonchalant où ma vie se ressemble, chaque jour un peu plus depuis dix ans.

Il n'y a pas de cheminée ? Les gens s'étonnent. La question nous amuse ; Martine me regarde et sourit doucement, complice. Nous aimons bien cette question. Il n'y a pas de cheminée, mais tout invite à en parler, à s'étonner de son absence. Il n'y a pas de cheminée, mais pourquoi la question vient-elle aussitôt sur vos lèvres ? Moi je sais bien que tout est cheminée, ici : chaleur, temps arrêté, bonheur, douceur légère. Passants de la maison, vous regardez les murs d'images et vous restez dans le cercle blond de nos lampes. Assis dans le velours râpé, les pieds posés sur la paille un peu rêche des tapis, vous buvez un vin chaud, vous dites joliment :

— Il ne manque qu'une cheminée !

Elle ne vous manque pas, puisque vous en parlez. Mais elle flambe dans le vin chaud, dans la lumière de la lampe, et la rousseur du chat qui vient se faire caresser.

La grande pièce à vivre, en bas, c'est la couleur des jours. Automne la saison, automne les images. Les boiseries sont fausses, les poutres artificielles, mais peintes de châtaigne et chocolat. Le papier rouge sur le mur ne nous emballait pas, avec ses motifs à fleurettes d'autrefois, ses trous, ses auréoles. On ne le voit plus guère aujourd'hui, entre une affiche de Bonnard, un paysage de Larsson, deux piles de bouquins. Partout des bouquets de fleurs sèches. Lunules d'argent pâle de monnaie du pape, lanternes vénitiennes oblongues orangées, immortelles carmin, fauves ou mordorées, herbes longues blanchies, petites baies rouges fripées, chapelets de bruyère. Dans une pannière allongée d'osier tressé, coloquintes, marrons, bogues de châtaignes entrouvertes, branches de la forêt, champignons secs : sous-bois d'automne bien dedans, brassées d'octobre pour glaner la paix-silence des saisons, sommeil de l'ambre.

Lampes basses allumées dès quatre heures l'après-midi, dans les hivers la rue est si sombre et si froide. En passant lentement sur le trottoir, les gens regardent par les vitres embuées ; halos flottants d'or chaud dans la pièce navire, chaque cercle un pays, chaque ombre une frontière. Abat-jour de toutes laines : rude de toile à sac, floconneuse, bourrue, tapissée de feuilles séchées. Pieds de bois courts, porcelaine ventrue d'un épi de faîtage, moyeu de charrette poli, le corps de lampe est une chose sur les choses ; les lampes ne se dressent pas, semblent naître du sous-bois d'automne ; elles n'inventent pas leur lumière. Une seule pend du plafond — mais d'opaline rose crème, elle descend très bas, au-dessus de la table en chêne ; ce n'est qu'un cercle un peu plus grand pour donner plus d'intimité à l'empire des lampes basses.

Tout un mur de bouquins, dans la feinte modernité des rayonnages laqué blanc. Livres de poche la plupart, ce sont les plus vivants. Leurs couleurs disparates, criardes quelquefois, s'accordent étrangement dès que leur nombre abolit les contrastes. Plus que le bleu vergé délicieux du Mercure, les griffes de la N.R.F. galbées de classicisme puritain, plus que le jaune paille de Grasset, les nervures de la Pléiade, tous les bouquins de poche rassemblés font de ce mur un pan de vie, de la lecture un plaisir chaud, facile et proche, donnent envie de toucher, d'ouvrir, de pénétrer. Je n'aime pas les beaux livres, pas plus les peaux de vrai chagrin que celles des éditions club qui rêvent de leur ressembler. Je n'aime pas les ors, les cuirs, les tristes rangées métronomes où dorment d'un sommeil de froid les pages de la vie. *La recherche du temps perdu* dans un tombeau d'or repoussé, de cuir macabre, m'éloignerait je crois des confitures enchantées de la Tante Léonie — dans son armoire, tous les fruits du dehors ont gardé, par la transparence des bocaux, la couleur des jardins, les soleils de l'été. J'aime les livres qui laissent filtrer la lumière et reposent dans un bocal en verre, a portée de nos rêves, de nos mains. Pour les orfèvres les écrins ; à la vraie vie, la transparence.

Et puis il y a les grands albums à regarder, des livres en abyme, car la maison aimerait bien leur ressembler. *Die goede oude Tyd, Le bon vieux temps* hollandais d'Anton Pieck, avec des villes enneigées, des patineurs sur les canaux gelés, des marchands ambulants : tout un fourmillement de gens très affairés qui se réchauffent en faisant semblant de se dépêcher, par des rues grises et bleues. On les retrouve au soir dans la componction roide des salons ambrés. Sous la suspension d'opaline, on a repoussé les assiettes. Le maître de maison s'endort la pipe au bec, et la fille joue du piano sous le regard ému de sa maman qui tourne son café dans un demi-silence horripilant d'ostentation. Anton Pieck regarde tout ce monde d'un peu loin, avec ironie et tendresse. La comédie humaine est ce qu'elle est, mais il fait gris dehors et blond dedans. Sur la couverture de l'album, le peintre s'est représenté, assis en plein hiver tout au sommet d'un toit aux pas d'oiseau. Les fesses sur la neige, il dessine d'en haut la vie qui court et la neige qui se ressemble. Un enfant sort d'une fenêtre mansardée, lui tend un bol fumant de grog ou de tisane. C'est ça que j'aime bien surtout, ce bol fumant dans l'air glacé d'hiver, en haut d'un toit, avec un crayon, du papier, une écharpe de laine, tout le froid du dehors dans le vertige lumineux, l'espace, et juste un bol fumant pour inventer le désir de dedans.

Anton Pieck, c'est l'hiver, dans l'automne de la maison. Mais Carl Larsson... Nous avons renoncé à l'enfermer dans un album. Il est partout, en posters sur les murs, en petites cartes postales, en livres essaimés au hasard de la pièce, à la portée de la main. C'est un autre pays, la Suède, il y a cent ans. Cent ans. Je tourne ces pages lointaines ; tout est vivant et chaud, présence magicienne de cette maison de Sundborn :

« Si je meurs, chose étrange qui peut se produire, je m'imagine que cette maison continuera à vivre, même si sa vie est un peu différente. Peut-être les arrière-petits-enfants de mes enfants écriront-ils un nouveau livre sur elle. Tu l'achèteras, car toi, mon lecteur, tu ne dois pas mourir, tu ne dois jamais mourir. »

Tu me tutoies, Larsson, par-delà le silence. Ton livre s'appelait *Du côté du soleil.* Au fond de moi, je l'ai nommé Courage du bonheur. Je suis devant tes pages et dans ta maison de Sundborn. Ta chanson douce est venue jusqu'à moi, par-delà tout un siècle de violence qui n'existe pas. Tu as peint le bonheur, les enfants, la lumière, et peu à peu le chaud de ta maison est devenu comme un chant de tendresse au-delà des murs, des jardins, des frontières. Bleu voilé, vert amande, orange velouté ; dans la couleur des jours tout est resté. Je suis dans ta maison, dehors c'est bon qu'il neige. Dans la cuisine se prépare une tarte aux airelles. C'est une cuisine à gâteaux, à rires, à bavardages. Les enfants crient, courent partout, ou se déguisent en personnages de théâtre, devant des poêles en faïence. Ils passent dans de grandes pièces lambrissées, et leurs voix sonnent, claires, arrêtées pour l'éternité. Mais ils sont doux, souvent. Brita ratisse le jardin le samedi après-midi. Suzann arrose avec amour ses plantes vertes et tu la vois, de dos, à contre-jour, devant cette fenêtre bleue ; tu n'es qu'un long regard sur elle. Un jour, elle est grimpée sur une chaise, et peint une frise au plafond...

Couleurs et mouvements, lenteur et transparence. Il y a des printemps clairs et des étés de soleil pâle. Les enfants nus courent dans l'herbe, les nappes se déplient sur l'herbe, et près de toi Karin te regarde longuement, de son regard si grave. C'est le bonheur, tombé de votre amour en taches de lumière. Comment dit-on bonheur en suédois ? Mais vous ne dites pas. Vous inventez d'autres recoins pour être bien dans la maison, d'autres jeux, d'autres fêtes. Tu ne dis pas le mot bonheur ; jour après jour, tu le reflètes avant qu'il passe, et tes couleurs n'en cachent rien. Orange velouté, vert amande léger.

Un jour ton fils quitte la vie, à dix-huit ans. Le bleu voilé montre Karin à l'été de la Saint-Martin, deux ans plus tard. Elle regarde la rivière, dans son long tablier. Courage du bonheur. Il faut aimer avant, pour accompagner ceux qu'on aime un peu plus loin, de l'autre côté du soleil.

« Ce n'est pas une petite affaire que d'écrire quelque chose sur les murs, les fenêtres, les plafonds. C'est pourquoi je ressens une promenade avec toi à travers le village comme un amusement. Nous aurions pu descendre une partie de la rivière à la rame et regarder les enfants se baigner. »

Voilà ce qu'écrivait Larsson à la fin de sa vie. Il avait fini sa maison, au-delà des chagrins, de quelques trahisons. Karin marchait près de lui. Il allait revenir à cette tâche dure et simple de nommer le bonheur, en espérant qu'un jour...

Je tourne ces pages aujourd'hui, l'humour et l'émotion n'ont pas vieilli. Les images s'appellent : « Le soir tombe, bonne nuit ! » ; « Le chat sur la banquette » ; « Autour de la table où l'on prend le café » ; « Un roupillon dans la chambre d'un mineur » ; « A la lampe du soir » ; « Esbjörn dans la véranda ». Larsson voulait écrire un livre « sur l'intérieur, sur les enfants, sur toi, sur les fleurs, sur tout. Tableaux et bavardages de Carl Larsson. »

Dans la maison de Carl Larsson, on joue, on rêve, on coud ; les enfants se traînent par terre, s'endorment un peu partout. Dans le jardin, les herbes folles ont poussé. On se déguise, on chante, on ne se prend pas au sérieux, mais on prend au sérieux tout ce qu'il y a de plus léger dans la couleur des jours, et qui reste aujourd'hui, par la magie de ces images.

Tableaux et bavardages. C'est le joli sujet que je choisis cent ans après. Ma maison n'est pas belle, mais au bout du coron pleuvoir n'est pas si gris.

Dedans déjà vous inventez la cheminée. Le décor est en place, et la maison n'est pas fermée. Entrez boire un vin chaud, dans les couleurs et les images.

Tableau III

Au Bec Hellouin, c'est tout près de chez moi. Vallée étroite entre les forêts des collines, bout du monde tout proche où marchent lentement les moines et les moniales en noir et blanc par les après-midi de soleil doux — la route suit nonchalamment les méandres de la rivière. Les gens s'arrêtent à l'abbaye, à l'auberge normande, aux boutiques d'artisanat. Mais empruntez un peu plus loin la route qui ne mène à rien, dépassez le lavoir inutile et charmant, sous son toit d'un autre âge — Vincent y fait toujours nager des bateaux de papier, puis traverse la route et les voit s'échapper, déjà demi noyés dans les turbulences de la rivière. Vous atteignez bientôt un terre-plein, près de l'ancienne gare abandonnée. Un sillage un peu courbe au creux de la colline dessine le trajet de la voie ferrée d'autrefois. Juste au-dessus la forêt semble inextricable. Elle ne l'est pas. Enfoncez-vous sous les ombrages, et grimpez quelques mètres à même le talus, en vous aidant des lianes. S'ouvre alors tout un réseau de chemins minuscules, qui montent à votre choix, plus ou moins vite, quelque part, et le pressentiment léger vous précède au vert le plus profond de cette tente de feuillage. Rien ne le justifie, mais c'est ainsi. Ces chemins-là sont doux comme l'oubli du temps, vernissés, chatoyants de taches de lumière, et donnent envie de s'y blottir en sachant bien qu'un peu plus loin...

Nous y allons au mois d'avril pour les anémones sylvie, si vite flétries dans un verre, mais ici fraîches comme l'eau, corolles passagères, blancheur si menacée. Le premier bleu efface leur image au mois de mai, rend la forêt au sortilège mauve plus secret des jacinthes et des pervenches. Accroupi dans le lierre et la mousse, on cueille là l'envie de tout ce bleu. Les pervenches sont les plus jolies, près des feuilles plus sombres, pétales clairs si fermement fragiles, découpés en triangles adoucis. Mais les jacinthes au détour d'un coude du chemin en telle avalanche, en telle vague violet-bleu que tout en tremble et danse plus léger. On plonge en vain les mains dans cette eau douce. On en retire, maladroit, tige après tige, de petits lampions aux clochettes étriquées, déchiquetées, sur leur tuteur de tubéreuse vert et blanc glacé... Avec une herbe coupante et râpeuse, on scelle ce bouquet. Les deux mains pleines, on reprend le chemin.

En haut de la colline, les herbes disparaissent, et l'on s'assoit parmi les pierres blanches, les genoux contre les épaules. Le Bec Hellouin, au fond de la vallée, devient alors comme un glacier vu d'un sommet, après une longue marche en montagne : désirable et incertain, magique, une eau plus pure que sa soif. Des points blancs passent dans la cour, et dans un carré d'herbe bien luisantes, à l'écart du long bâtiment, sous le soleil pimpant de l'après-midi neuve, des âmes dorment pour l'éternité, dans un petit enclos de mort très douce.

A la maison, les bouquets bleus aux queues trop courtes trouvent refuge dans des verres, de la flûte à champagne au pot de yaourt rebondi. Devant la fenêtre de la cuisine, ils restent là pour quelques jours, tout près du rougeoiement des confitures de groseille, de la gelée de coing translucide, aérienne ; fruits de l'été gardés jusqu'au printemps le long de cette table de travail à l'opulent désordre, les confitures aiment les fleurs en verre. C'est la même simplicité de vie-nature apprivoisée par le verger des fruits, les fleurs bleues du sous-bois. C'est la transparence de l'eau dansant dans les couleurs, chaleur et froid qu'on mange du regard, en arrêtant le temps quelques mois quelques jours dans la saveur sucrée des fruits, fraîche amère des fleurs. Gel orange du coing, bleu mauve des jacinthes et des pervenches, accordés en secret par le vert sombre de la feuille, par le silence et la lumière finissante. Un restant de soleil s'attarde sur la cour et joue dans la fenêtre.

Du nouveau à l'école de Chaponval

Je suis né quelque part, bien avant ma naissance. Je suis né d'un malheur étouffé par la terre, à la fin de la guerre, sous les bombardements. C'était à Chaponval, au bord de d'Oise. Chaponval... Peut-être avez-vous déjà vu ce nom, sous un tableau de Pissaro, de Van Gogh, de Cézanne. La rue du Valhermeil-Cézanne ; les toits rouges-Pissaro. Tout près d'Auvers-sur-Oise, et mieux caché encore, c'était pour les amis du docteur Gachet le paradis tranquille, entre le fleuve et le coteau. Dans ce hameau sans bruit, mes parents habitaient la maison d'école, au bord de la route de Pontoise. Devant la porte, un gros prunus en boule rouge sombre, quelques marches de pierre, et cette cour gravillonnée.

Il y avait déjà « les grands », et puis « la

petite », Michèle. Sur la photo, assise sur les marches de l'école, elle sourit de lumineux bien-être, prise dans la tendresse de Simone et de Jean-Claude qui l'encadrent — c'est bon d'avoir des grands. Mais la photo n'est pas de celles qu'on découvre en s'exclamant dans l'album de famille. Dans un cadre de métal froid, près du lit de Maman, c'est la photo d'un long silence, je ne pose pas de questions. A côté du sourire, une autre photo plus petite — une tombe blanche au soleil. Entre les deux clichés, l'espace me fait mal, je détourne les yeux.

La colline de Chaponval était creusée de nombreuses cavernes. A la fin de la guerre, quand les bombardements se firent plus intenses, les gens du village allaient s'y réfugier. Un soir, mes parents se décidèrent à leur tour. A peine avaient-ils pénétré dans la grotte qu'une bombe tomba, tuant un villageois, et condamnant l'entrée de la caverne. L'obscurité dura, le silence, la peur. Je sais que Maman avait pris ses trois enfants contre son corps, et qu'elle souhaitait simplement les voir mourir avant elle. Je sais aussi quelques phrases poignantes abandonnées à la nuit du coteau, mais je n'écris pas un roman, et quand la vie ressemble trop au mélodrame...

Chez moi, d'ailleurs, on ne fut jamais complaisant avec cette histoire essentielle. Je l'entendis raconter peu souvent, et la retins de bribe en bribe. Aujourd'hui encore, quelque chose m'empêche de demander trop de détails à ceux qui pourraient m'en donner...

Après avoir fouillé la terre tout un jour, les secouristes se decouragèrent. Pas les gens du village. On aimait mes parents, si jeunes en ce temps-là, et qui donnaient à leur métier d'instituteur tout leur temps, leur ferveur. Et puis les guerres sont ainsi, sans doute, et font meilleure la bonté — je ne peux imaginer sans larmes cette opiniâtreté de quelques villageois creusant la terre sans espoir parce qu'*on ne pouvait pas les laisser là*...

Quand ma mère se réveilla, elle découvrit près d'elle Simone et Michèle. Où était donc Jean-Claude ? Elle s'affola. On la rassura au plus vite. Mon frère avait reçu un éclat de la bombe. Ce n'était pas trop grave, il allait s'en tirer. Il s'en tira. Les médecins ne prêtèrent pas attention à la coupure que Michèle avait au front, malgré les questions de Maman. Michèle eut désormais mal à la tête. Elle ne jouait pas. Cinq mois après, elle mourut, et l'on parla de méningite. Maman pénétra dans un univers interminable et désolé. Le temps ne cicatrisait pas sa blessure. Les gens lui conseillèrent un autre enfant. Elle repoussa longtemps l'idée, et puis...

Voilà où je suis né, bien avant ma naissance. Je suis arrivé dans ce monde comme un devoir de bonheur, non pas pour effacer la mort, mais pour lui succéder. « Du nouveau à l'école de Chaponval. » Ainsi le journal de Pontoise célébra-t-il mon arrivée dans la petite école près de l'arbre rouge. Ne souriez pas. Dans les semaines qui suivirent, mes parents étonnés reçurent plus d'une cinquantaine de cadeaux. Mais le plus beau, ce fut le jour de mon baptême. Le curé avait fait ouvrir les portes de l'église à deux battants, convoqué les enfants de chœur au grand complet, et les cloches sonnaient en attendant le solennel cortège. Ils étaient quatre, exactement, plus moi dans mon landau. Ils s'en revinrent en marchant, comme ils étaient venus. Maman avait fait une crème anglaise, puis l'on me recoucha. Vous le voyez, je n'étais pas broyé d'emblée par la violence du siècle, mais la fête était bien jolie, je crois.

Les photos qui suivirent sont toujours dans l'album. Simone et Jean-Claude ont grandi, douze ans pour lui, onze pour elle. Ils encadrent un bébé. Leur sourire est très doux, peut-être un peu plus grave. Ils n'ont pas oublié Michèle, mais je suis là, et le bonheur se doit de gagner ses couleurs.

Lumière, transparence, chaleur qui fait croire en demain. J'ai reçu tout cela comme un héritage impalpable, comme une chance à garder sans remords. Je porte le bonheur depuis, et je n'en ai pas honte.

Tableau IV

Je dessine aujourd'hui cette ombre portée de Michèle sur ma vie. Elle donne au fil des jours une résonance un peu sourde, m'accompagne de son reflet. Petite sœur d'Ailleurs, tu gardes le silence. On ne parlait jamais de toi, à la maison. Petite sœur, c'est vrai, tu es restée petite, et plus loin que les mots tu me précèdes en souriant. Longtemps, j'ai grandi sans te reconnaître, mais aujourd'hui je me retourne, et je vois que tu étais là. A Chaponval, tu te cachais dans l'arbre rouge près de moi. On mangeait des groseilles dans le petit jardin en contrebas. Tu faisais claquer dans tes mains les boules blanches floconneuses de cet arbuste, tu sais bien...

Tu n'es qu'un sourire sur la photo, l'enfance

claire arrêtée dans l'espace. Le photographe avait estompé les contours du cliché. Nimbée de flou, tu es sur ton nuage parmi nous l'absence pour toujours, un regard envolé pour suivre d'un peu plus loin le silence de nos chagrins, de notre oubli parfois, de notre gêne. Ton silence est plus beau, plus aérien. Tu es un peu d'ici quand même, et tu nous gardes au fond des yeux le meilleur de toi-même. Avec des mots je me rapproche, et tu m'apprends toujours plus loin le vol glissé de l'innocence, mais ta perfection c'est l'enfance, et je ne te rejoindrai pas.

Le bonheur de Sisyphe

« Il faut imaginer Sisyphe heureux. » Je le croirais si je savais qu'on lui donnait le droit de s'arrêter quelques secondes de pousser sa pierre. Alors, parce qu'il aurait choisi de ne rien faire, choisi quelques secondes, elles deviendraient l'éternité, bonheur du corps, grand vide dans la tête, le vent sur le visage et l'odeur de la terre... S'il n'y a pas ces secondes, pas la moindre astuce pour caler la pierre sur la pente, en douce, en cachette des dieux, s'il n'y a pas même cette idée de temps volé au temps quelques secondes...

Le malheur de Sisyphe n'est pas de rouler une pierre, mais de rester absent de la beauté. Jamais pour lui le monde ne devient spectacle à regarder. Pour le reste, son sort ferait bien des jaloux, car il a quelque chose à faire, et peu importe quoi. C'est la première étape du bonheur : avoir quelque chose à pousser, à planter, à cueillir, à travailler, à inventer, à aimer, peut-être. Sans rien de tout cela, difficile de se confondre avec le mouvement du monde. Plus difficile encore de l'arrêter.

Ma mère se levait à cinq heures. Elle me réveillait à sept. Elle aimait ces deux heures. Au-delà des tâches scolaires ou ménagères qui les remplissaient, j'ai deviné au fil des jours qu'elle y faisait tenir beaucoup de son accord avec la vie. Bien sûr, il y avait le déjeuner à préparer, tous les cahiers à corriger. Mon père était parti allumer le poêle dans la classe, écrire au tableau la dictée des grands. Nous dormions dans nos chambres. Dans le silence de la maison d'école, je sais que Maman était bien, en amont de ces jours. Ceux qu'elle aimait ne craignaient rien. La correction des cahiers se faisait parfois juste un peu lente, en marge de la page d'écriture, juste en marge du temps ; elle prenait cette distance infime avec la vie qui donne ensuite envie d'y revenir. Elle dessinait tout doucement des lettres à reproduire dans la paix de six heures. Le monde se ressemblerait, mais il y avait aussi le goût du jour unique, sa fraîcheur, la musique de son silence.

J'imagine, en me trompant, peut-être. Chacun garde pour lui ses îlots de silence et de temps arrêté. On n'y pénètre que par effraction, en mélangeant les pages, les images. Mais l'idée reste, quelque part. Il me plaît de penser qu'avant sa journée longue ma mère se levait à peine un peu trop tôt.

Elle dessinait dans le matin des lettres à reproduire, et moi j'écris. Ma pierre est si légère. J'écris. Ce n'est pas un métier, mais une tâche, pourquoi pas ? Cela commence loin, tout au fond de l'enfance. Je me souviens de cette précaution à ne pas me livrer totalement au bonheur, au chagrin, comme si je n'étais pas seul en cause, comme si quelque chose de fragile était en jeu que je devrais porter, et tenir au-dessus des joies, des peines. Peu à peu, on déposera sur moi des règles de morale. Je les respecterai le plus souvent, les transgresserai quelquefois, mais elles ne seront jamais l'essentiel. Très tôt, je sens que le monde ne peut tout exiger de moi. Il veut que je le porte, que j'épouse son poids. Plus tard, je sais qu'il me faudra m'en délivrer, que cette nécessité-là sera ma morale.

Prendre un grand cahier à carreaux d'écolier. Laisser tomber des mots qui rendent plus légers. Tout dire ligne à ligne, avec de l'encre bleu marine, de la souffrance et du bonheur...

Que les mots viennent, trempés d'encre. A Chaponval, on remplissait de poudre et d'eau la bouteille mince au bec verseur. Mon père présidait à cette alchimie rituelle du savoir. Et puis un élève avait la mission délicate de verser la poudre diluée dans les encriers ronds d'un blanc épais, crémeux, si lisse sous le doigt qui en dessine le contour.

Que les mots viennent, et griffent le papier. Je

n'ai plus la plume Sergent-major qui râpe un peu, le long des pleins, des déliés. Je n'ai plus de lignes et de marges, de lettres à répéter en ronde sous le calcul mental. Mon stylo glisse sans effort sur la page banquise ou rien ne le commande, ne l'arrête. Mais les mots griffent quelque part, s'accrochent à la violence du passé, commandent dans l'absence un travail rude d'écolier. J'inventerai les pleins, les déliés, le rêve dans la marge et le bonheur de l'interligne. Avec des mots de poudre et d'eau je plongerai dans le silence qui fait un peu mal, dans le silence fort de mes mélancolies d'école ; un soir, assis tout seul à une table dans la classe des petits, à rêver d'Elle qui n'existe pas, à rêver seul des mots de pierre et d'eau, de poudre et de lumière. Je mènerai mon chemin d'écolier, au-delà de la vitre, à l'encre fraîche, avec des mots qui me blessent de loin, retrouvent un peu trop fortes les odeurs, les tilleuls dans la cour, la poudre d'encre dans la classe.

J'écris, voilà ma pierre. J'entends quelquefois des écrivains parler de ce travail avec des accents de jubilation qui me surprennent. Pour eux, l'enfantement se fait dans une volupté sans mélange ; ils jouent avec les mots, les touchent, les caressent. Cette sensualité néo-artisanale m'écœure un peu ; j'y sens un vague goût d'inceste, et pour ma part je n'ai aucune envie de faire l'amour à mon enfant. A l'inverse, je ne prétends pas à une douleur insoutenable du travail d'écrire. Ce qui me blesse, quelquefois, c'est la mémoire ; les mots n'en sont que la musique et le chemin. Dans le miroir de la mémoire on est fragile, traversé, mais on se sent plus clair aussi, et cette intensité des jours gardés nous fait de la lumière. La vie nous épaissit, mais on écrit ; on lutte contre l'épaisseur suprême de l'oubli.

J'écris un peu dans chaque jour. C'est souvent le matin, avant de partir au collège, quand tout le monde dort chez moi dans le bleu de la nuit. J'écris parfois dans le début de l'après-midi ; le village en sommeil s'endort dans sa vallée, le temps me dure sur la page. Plus rarement, j'écris le soir, quand Vincent est couché ; je pose près de moi la rousseur d'une bière, ou tu fais un vin chaud. Comme il est bon à déguster, quand la page est finie ! Sisyphe ne connaît pas ce bonheur. Tout semble plus léger ; j'avais fixé un terme à mon devoir, et le voilà rempli. La page terminée invente le plaisir de la cannelle. Le temps se ferme sur le soir, dans l'oasis châtaigne dessinée par une lampe basse à l'abat-jour de laine sur le velours du canapé. On parle de tout et de rien, demain tu pourras passer au marché ?

Demain... Demain n'existe pas vraiment, et c'est très bon de le réduire à quelques tâches sans problèmes. Le vin est un peu chaud. Son amertume brûle, il faut attendre en espaçant les paroles tranquilles, en le faisant couler tout doucement, en le laissant vous réchauffer le corps et pacifier tout le silence du décor. Les choses ne sont pas ce qu'elles sont, mais la soif les invente. Entre le désir de vin chaud et le plaisir qu'il sait donner, il y avait toute une page blanche à parcourir comme un chemin de neige. J'écris beaucoup pour ça ; pour inventer le temps de juste après, lui faire une couleur à boire au bout d'un long désir.

Chacun est comme moi, je pense. J'imagine parfois tout le bonheur de la fraîcheur de l'herbe pour le coureur à pied qui vient de terminer son huit cents mètres et s'assoit seul sur la pelouse, juste à côté de la piste brûlante ; le bonheur étonnant d'un raisin couvert de rosée volé en douce au coin d'une vigne de chasselas par le chasseur, après des heures de marche ; et quel bonheur celui de l'eau glacée dans la gourde de fer pour l'alpiniste à la fin de la course.

Tous ces petits bonheurs si simplement gagnés parce que le temps peut s'arrêter, et mesurer l'effort avant de repartir, tous ces petits bonheurs comptent dans une vie, font la terre plus douce, le plaisir meilleur, et Sisyphe va s'arrêter. Tant pis pour la malédiction des dieux. Le vent souffle sur son visage un air de liberté, comme la terre est belle ! Comment avait-il pu ne pas la regarder ? Le monde est un spectacle, le bonheur ne se compte pas. La pierre a dévalé la pente, peu importe. C'est un matin de plein été, et l'air est comme l'eau, juste avant le soleil de la journée. Il faut imaginer Sisyphe heureux.

Tableau V

J'aime bien cette photo de Vincent. C'est à Londres, dans un taxi. Il a cet air tendu, émerveillé, qui ne le quittait pas, lors du voyage en Angleterre. Rien qu'à regarder la photo, on sent l'odeur du bois, du cuir, l'espace à la fois raide et confortable des taxis anglais, le gris opaque et tiède de la rue dehors. Il y a comme un danger qui plane, des phrases mystérieuses que le chauffeur peut prononcer, le risque d'être tout à coup très gauche et décontenancé ; c'est à la fois complètement ailleurs et tout à fait dedans — c'est bien dans la couleur de nos voyages.

Nous ne partons pas très souvent, mais toujours en automne, ou bien à la fin de l'hiver, dans une saison longue où la fumée du ciel vous prend sans vous changer. Nous préférons le soir qui tombe vite et change le décor, les lampes qui s'allument dans les villes et les images glissant doucement du gris vers l'or. L'ailleurs qui nous ressemble est quelque part au nord ; nous l'avons frôlé sous le ciel de Londres, sur une plage de Bretagne, ou dans les rues austères d'Amsterdam. Mais quelque part nous attendait le mirage parfait d'une ville au centre du rêve...

Bruges en novembre

Que viennent la lenteur de fin d'automne, les journées grises et le brouillard, un rêve de voyage flotte à la lisière de l'hiver, Bruges en novembre. Il faudra traverser le froid moite du nord, des champs de betteraves et des cris de corneille, chemins de glaise des tracteurs sur les routes de Somme, villes endormies dans l'ennui gourd des après-midi sans écho. La route n'est déjà que l'envers d'un voyage, étouffe les couleurs, dilue le décor, la mémoire. Route du nord comme un sommeil vers une absence, avec des noms qui tombent lourds, Beauvais, Abancourt, Abbeville, buées de terre enlisées de clocher en beffroi, de place en place de marché abandonnées aux jets d'eau lancinants des employés municipaux.

Derrière il doit y avoir, plus diffus que la mer, un espace d'eau sombre et de ciel à crever, au bout du paysage une douceur secrète pour bercer ce chagrin oppressant et doux qui vous pénètre, comme une peine longue et dérisoire de l'enfance — le malheur pour toujours et soudain balayé, une main sur le front, une lampe soudain dans le gris de la plaine. Au bout, il doit y avoir une ville arrêtée dans l'espace, une mort d'or éteint pour planer dans le pâle ; une ville au-delà où les hommes se taisent, se croisent sans couleurs, chacun dans son regard, chacun dans le sillage de son rêve. Pas de rencontre chaleureuse et pas de choc hostile. Surtout ne pas frôler, ne pas toucher les somnambules d'or éteint dans la lenteur de leur mélancolique marche-vol plané. Sur les canaux les cygnes passent, et tombent les feuilles ambre-jaune. Sur les pavés, les fiacres ne résonnent que d'un vacarme atténué de passé — dans les clochers les carillons ne sonnent clair que dans l'inconscient nuageux, notes limpides, ciel voilé, une part inconnue sereine et triste de soi-même.

Il n'y a pas de nom à Bruges, on ne retrouve rien quand on s'éloigne. Un petit pont dos d'âne au sol pavé sur un canal de plomb liquide aux reflets mordorés, près d'une place minuscule avec un buste au nom hispanisant Vives — peut-être, syllabes fluides, insaisissables, qui s'écoulent dans la mémoire et ne réveillent pas le charme ensoleillé de ce carré parfait de ville-rêve — tout près un parc déserté dès l'automne, un petit kiosque-temple grec, les murs austères d'un musée où l'on n'ira jamais. On sait y retourner par hasard chaque fois, sans noms de rues, sans noms de places, comme on retourne pas à pas sans le vouloir au creux de soi. Pas de oh ! pas de ah !, mais ce pressentiment, de ruelle en ruelle : quelque chose vous attend, au fil des canaux, des maisons, et l'on franchit négligemment les cercles d'eau, les allées, les passages. Il y a Brocéliande dans la bourgeoise solitude des rues grises, dans Bruges il y a fougère, aller vers quelque part, pour cet appel ou bien pour la couleur ambre-mémoire, reflets de l'or passé dans les forêts de brume ou les brumes de pierre.

Voilà. On passe sur le pont, on s'assoit sur un banc, près du buste vert de grisé. En face, une maison de bois sombre surplombe le canal. Des fenêtres à petits carreaux d'un glauque vert bouteille cerné de plomb épais ; on ne voit rien, jamais une lumière ; on n'a pas envie de savoir. Se dire simplement que c'est la maison absolue — pas celle du bonheur, elle n'est pas assez légère, pas assez menacée. Mais la maison plus forte que la vie, plus haute que le temps, l'étouffante demeure magicienne d'où l'on ne sort jamais.

A l'intérieur, depuis des siècles, une jeune fille presque aveugle aux longs cheveux d'automne roux passe de pièce en pièce, se cherche dans les miroirs, le pinceau à la main. Elle peint l'eau pâle d'un canal, attend que des reflets surgisse un jour sa propre image. Mais elle ne peint que l'eau, et puis se lève lentement, longe des couloirs de silence. Le froissement de sa robe couleur de temps le long des murs, contre les portes, la lumière d'un jour exsangue et doux comme l'éternité.

On n'est pas assez fort pour descendre si loin, pour rejoindre la jeune fille au plus profond de sa lumière aveugle, dans l'eau de son rêve étouffé par les murs de bois lourd, les carreaux sombres, l'eau immobile de dedans, l'eau immobile de dehors.

Le cœur de Bruges est là, si facile à trouver au bout de ses rues familières, maisons nettes et basses, fenêtres de dentelle. Si facile à trouver — plus dur à supporter que le plus fou des rêves au cœur de Brocéliande. Plus de vent, plus de temps, solitude d'eau morte ; on ne chevauche pas ici, on ne s'étourdit pas de son élan, de l'odeur des forêts ni de l'ivresse d'être. Dans la maison de bois on s'enferme, on s'écarte — ne pas courir au cercle d'une allée ; jour après jour descendre au plus secret d'une eau sans voix, connaître sans espoir, voile après voile, l'oppressante immobilité d'un désir d'eau stagnante.

On reste sur le banc, on frôle ces images. On n'est pas assez fort ; c'est un peu décevant, mais pas désagréable : le reste de la promenade en sera plus léger. Indigne du cœur sourd de Bruges, on en devient le flâneur enchanté. On marche sans effort : c'est le gris qui vous prend ; un peu de buée de nuage, et puis le vert du Béguinage, plutôt réconfortant, même sans les jonquilles du printemps. Dans ce jardin, le silence n'est pas noyade, mais politesse de recueillement. Des silhouettes noires et blanches glissent sereines de maison blanche en maison blanche. On sent de la douceur et de la certitude dans leurs gestes, l'ébauche d'un sourire au coin de leur regard absent. De vieux parents viennent les voir, habillés de civil et de déférence muette. Dans Béguinage il y a passage, mais on entend aussi béguine et bavardage. Un bruissement de mots chuchotés dans la paix, quelques nouvelles de dehors, quelques échos de la plaine immobile, et puis l'après-midi — le temps ne passe pas. C'est un jardin tout près de la frontière ; mais de l'autre côté, la mort n'inquiète pas dans son jardin. On pourrait y passer dans la même douceur légère en gris-lumière, et chuchoter des nouvelles du cousin Paul et de la tante Emma par les après-midi d'éternité.

On se promène à Bruges. On longe des éternités qui changent de visage — troublante et lourde dans la maison de bois, sereine au Béguinage. On passe devant des maisons qui s'allument le soir pour qu'on y voie dedans — chaleur des lampes basses, orgueilleux rougeoiement des cuivres éclatants. On se retrouve sur la grand-place, et l'or des brasseries flamboie dans le bleu de la nuit. Le vent qui mord, début novembre, chasse les ombres, les passants, déjà les calèches s'en vont, capuchées de cuir sombre. On cherche un endroit plus discret, on le trouve aussitôt — comme si les climats naissaient à votre approche, et l'on ne sait plus bien si l'image invente le rêve, ou le rêve l'image. Sur une place resserrée, comme en écho amenuisé, juste derrière la grand-place, il y a un café — déjà on se reproche d'appeler ainsi une maison qui n'a rien de public, sinon ces lettres blanches un peu saugrenues sur la porte, raison sociale démentie dès qu'on s'approche.

On entre : il n'y a personne dans la salle, où flambe un feu de bois — qui flambera pour vous tout seul tout le temps qu'il faudra, le temps de s'abîmer dans une bière à l'infinie douceur amère. On s'assoit près du feu, on consulte la carte, en s'étonnant d'avoir encore assez de pièces dans sa poche pour payer le prix de ces instants de luxe chaud que la serveuse ne vous refuse pas — et de même on s'étonne qu'elle ne vous reproche pas vos chaussures d'autant plus sales que la moquette immaculée fait danser sous vos pas un enivrant confort épais, l'ébauche d'un plaisir coupable.

Dehors, on ne voit rien ; tout est velouté, clos, dans la dentelle et les chromes sertis de plomb, vitraux païens célébrant cette religion d'un confort qui va jusqu'à l'austérité — comme le bon de la bière servie va jusqu'au mal acide, et son chaud jusqu'au froid. Rousse, blonde ou brune, on vous sert de la bière dans un verre qui porte son nom. Ce n'est rien et c'est tout. Le plaisir est ici tourné vers son reflet, vers son abyme. On déguste des rêves gris dans les rues grises, on boit le mot Geuze Lambic en buvant la couleur d'une boisson sauvage qui sait lui ressembler. On s'attarde, mais la serveuse ne semble toujours rien vous reprocher, ne paraît pas saisie de cette frénésie de rangement ostentatoire qui fait souvent de vous dans les cafés français un consommateur en sursis. On fait flotter des rêves de canaux dans des laves de bière, et puis...

On quitte Bruges avec la nuit, sans déchirure, sans remords, comne on abandonne léger une part de soi-même, en se disant c'est si facile de la retrouver. Une plaine vous prend dans le faisceau banal, abstrait, des phares de la route. Plus tard, on oublie vite ce voyage. Est-on parti vraiment ? On sait tout juste que l'hiver peut commencer. Que viennent maintenant les journées grises et le brouillard. On garde au creux de soi Bruges en novembre, reflet sur un canal aux feuilles mordorées, comme une tasse de thé clair pour traverser des champs de neige.

Tableau VI

Je peins les jours, c'est un peu plus qu'ouvrir la porte de chez moi. La maison tout entière se sent gagnée de transparence, et veut jouer dans la lumière. Elle reste une maison pourtant, et donne seulement ce qu'elle a su cacher — trois pommes rouges sur la table, un bouquet d'anémones, la silhouette de Vincent qui finit ses devoirs. Elle reste une maison ancienne de village, avec beaucoup de murs pour donner envie des fenêtres. Les gens qui marchent dans la rue lui volent une image en passant, un geste sous la lampe, la courbe ambrée d'une guitare, une sécurité d'épaule et le chat dort sur un cahier. C'est cette image un peu flottante, la couleur de nos jours et quelque chose en plus que le passant s'invente, et l'image lui appartient ; dans quelques pas elle va lui ressembler. C'est tout a fait le cœur de mon bonheur, et c'est chez vous quand même.

Ce livre est à travers mes murs comme une pièce imaginaire, si douce à vivre dans la pluie de Normandie, comme une grande pièce claire ouverte au jardin de la rue, une pièce magique où l'on pourrait enfin tout donner, tout garder, dans le verger des lampes et les fruits de papier. C'est un théâtre lent d'images arrêtées dans le soir, qu'on cueille en avançant sur son chemin, à peine un peu plus loin. C'est une pièce imaginaire, dans la couleur des jours au jardin qui s'achèvent, le bonheur dans la véranda.

Mais quelqu'un est venu...

(Le Grand Meaulnes,
chapitre II, première partie)

Nous étions tristes, en ce temps-là. Tu dessinais déjà des Vincent, des Clémence. J'écrivais. Tous ces petits tombeaux de l'âme maladroits dormaient dans nos tiroirs. Parfois, j'envoyais à Paris un manuscrit, comme un oiseau blessé d'avance et qui me revenait. Toi, tu savais déjà qu'il nous faudrait bien plus longtemps traverser les champs du silence. Je croyais à ma chance ; elle ne venait pas. Je me croyais le pouvoir un peu fou de donner de la chance ; elle ne te venait pas. Nous avions des mélancolies profondes, si douces quelquefois, dans les brumes de Normandie. Près de nous la forêt ouvrait ses allées de lumière, et nous étions de la forêt, ces années-là. La violente espérance demeurait ; au loin, les allées cavalières dessinaient un cercle pâle. Mais la forêt, c'était aussi l'oubli léger des fougères d'octobre, tout l'éblouissement du gel bleu de l'hiver.

Le soir, des enfants du collège venaient goûter chez nous, apprendre la guitare ou faire leurs devoirs. Marc, Didier, Isabelle, Thierry, Serge, Pascal : le joli vent d'enfance ne savait pas sa place au creux de nous, ne savait pas qu'il nous faisait si chaud, dans la solitude blessée de nos pages endormies.

Nous allions à Rouen le samedi, pour le café Saint-Paul aux vitraux de couleurs, pour les disques et les romans, chez les marchands des rêves et de l'oubli. Je me souviens de longs dimanches à lire *La couleur orange*, *La fuite en douce*, à écouter l'enfance écartelée des chansons de Souchon, de Sommer, de Chatel. Salut au temps qui passe... Balades à Honfleur les jours gris de novembre, balades autour de Saint-Maclou, dans les brouillards d'hiver, par les rues piétonnières, balades au cœur de la forêt surtout, balades cicatrices, blessures prolongées le long des allées cavalières.

Nous aimions bien notre tristesse et ses couleurs d'automne. Elle nous endormait dans un voile glacé, et c'était fort et bon, au bord des larmes quelquefois, si près des novembres d'adolescence. Et puis...

Ce fut un mercredi dans la cuisine, au petit déjeuner. J'avais dû me lever très tôt pour écrire, dans la fin de la nuit. Avec l'odeur du café chaud tu étais, descendue. Nous parlions de tout et de rien, sans écouter vraiment les nouvelles de la radio — ce petit écho bourdonnant d'une actualité lointaine donnait plus de prix à la tranquillité du bourg, à l'amertume sucrée du café. Une chanson remplaça les nouvelles, et peu à peu nos bavardages s'effacèrent. Tartine suspendue, regard ailleurs, soudain, et ce sentiment étonnant d'une présence enveloppante à nos côtés, déjà comme une écharpe au plus froid de l'automne. La chanson parlait des Batignolles et des miraculeux nuages de vapeur sur le Pont Cardinet, des pigeons qui s'envolent quand on court pour les attraper. Paris nous revenait dans la couleur d'une autre enfance, et s'installait comme chez lui dans le petit matin-silence de la Normandie. Les enfances à Paris se diluent dans bien trop d'espace, et les nuages des locomotives s'abolissent dans le temps. Tout est si grand, perdu d'avance, et le talent des yeux d'enfant... Enfances parallèles au vert profond des squares, au gris brouillard des boulevards. Chacun garde ses îles, et tu m'avais parlé de tout cela. Plus tard on rencontre des gens de son quartier, on énumère avec plaisir des noms de rues, mais les images, les chagrins, les rires clairs dorment ailleurs d'un long sommeil. Les noms des rues n'existent pas, s'il n'y a plus les gens qu'on aime. Mais là, dans la chanson, la voix chaude montait sur nous, déjà si proche, et réveillait tes souvenirs d'enfant, que je partageais d'un peu loin.

Dernier accord de la chanson, puis un silence. « Les Batignolles. Yves Duteil. » Les images prenaient un nom, les couleurs un visage.

Il fallut commander le disque, attendre encore huit jours. Nous étions familiers de ces paris sur la tendresse. La déception venait souvent au rendez-vous pour une chanson près de nous, dix autres s'éloignaient. Mais cette fois la pochette châtaigne et bleue restait dans la couleur, et le soir sur l'électrophone... Quelqu'un était là, depuis toujours à nos côtés, nous ne le savions pas. Souviens-toi du pays : un tapis de feuilles d'automne, velours de la guitare sur des chemins de miel et d'ambre. L'amour comme un soleil y jouait dans les branches, en taches claires, en reflets d'or. Au-dessus s'ouvrait un ciel bleu ; le détour d'une allée le découvrait parfois, dans la brume légère du sous-bois.

C'était dans la forêt, mais le soleil perçait tout doucement, nous dessinait un autre cercle un peu plus clair au bout des allées cavalières. C'était tout le talent gardé de la mélancolie pour avancer vers le bonheur, et ce chemin d'ailleurs nous inventait. Nous aimions tant l'automne et la mémoire au creux de la forêt. Mais nous pensions un peu que tout était fini, que vivre désormais c'était retrouver, douloureux, les éclats de l'enfance ; avec de l'aquarelle, avec des mots, se rapprocher d'un grand pays abandonné, dont la lumière amenuisée nous faisait mal. Tous ceux que nous aimions, Nerval et Proust, Colette, Alain-Fournier, Dhôtel, Cadou, faisaient de cette enfance inaccessible le terme du voyage. En attendant de l'approcher par des albums ou des romans, il nous restait à regarder l'enfance de Vincent, à marcher longuement dans les allées de la forêt, à inventer le soir et le cercle des lampes, les amis de passage, à arrêter le temps parfois.

Comme François Seurel, sans le savoir nous attendions quelqu'un. Pour nous sortir de nous, peut-être, ou plus secrètement pour grandir sans changer, pour garder les couleurs dans une allée nouvelle. Voilà ce qu'en un soir Yves nous apportait. Oser le mot bonheur sans rien oublier de l'enfance, retrouver dans l'amour une autre enfance à prolonger. Le disque était dédié *à ma Noëlle*, et nous savions déjà qu'Yves n'était pas seul, dans le flamboiement de l'automne. Il parlait pour quelqu'un qui traçait son chemin, quelqu'un de fort et doux, regard secret de gris-lumière, transparent, quelqu'un comme une plage de silence entre chacune des chansons. Ils sont venus vers nous tout doucement, Yves et Noëlle, regard clair, et peu importe le hasard des jours, mais nous voulons rester tout près de leur chaleur. Yves a écrit :

Moi je crois surtout qu'il faut s'aimer avant
Tant qu'on est vivants sur la terre
Et trouver les mots qu'on devrait dire souvent
A ceux qu'on aimait tant qu'il est temps.

Peut-être avait-il le cœur gris, en pensant à quelqu'un, mais j'ai fait mienne sa devise. J'écris ces pages sans remords, un peu par lui, pour ceux que j'aime et d'autres, ailleurs, au bout des mots dans l'encre bleue. Le vrai bonheur est sa chanson, qui mêle à la nostalgie du passé le courage du jour. Que dure maintenant l'automne près de lui, que le bois reste chaud, la table mise. Parlons d'amour et de bonheur sur des accords juste à côté, tristes et lointains comme l'adolescence. Le temps s'est arrêté dans la forêt, que flambe ce soleil blond pâle. Plus loin l'hiver est bleu, la fête étrange brille dans le gel. Il m'y emmènera, mais ce sera demain. Aujourd'hui c'est l'automne. J'écris le nom de mon bonheur dans l'été de la Saint-Martin.

Tableau VII

Le chat me fait savoir ce soir qu'il aime bien la laine de mon nouveau pull. Il s'allonge de tout son long, la tête enfouie dans le pli de mon coude, et se déploie, se cale, se blottit à intervalles rapprochés ; le mieux n'est pas l'ennemi de son bien ! A se refaire à chaque fois une place alanguie dans cette mer ourlée de laine, il doit trouver un plaisir augmenté, car il ronronne de plus en plus fort, et sa musique accompagne mon écriture. Sa silhouette se découpe sur le bas de mon cahier — il adore aussi le papier, et ce mélange pull-cahier n'est pas pour lui déplaire. Comment peut-on trouver sa volupté à parts égales dans la laine et le papier ? J'essaie d'imaginer, mais j'ai du mal à suivre. J'ai du mal à écrire, aussi, sur un autre sujet que Yaourt — oui, c'est son nom, il aime le yaourt presque autant que les pulls de laine. Une colline rousse se profile à l'horizon de ma page du soir. J'écrirai donc sur elle, doublement, tant pis si elle me gêne un peu par ses vibrations incessantes, et si mon bras doit s'allonger sans la troubler pour atteindre les lignes mauves.

Le chat me dit ce soir qu'il est très bien sur moi. C'est un honneur auquel je suis toujours sensible, un peu naïvement. Je sais que le mérite n'est pas grand. Il y a simplement de la place, et de la laine et du velours le plus souvent. Yaourt n'est pas le premier à s'y couler refuge. Je ne fais pas allusion à des conquêtes féminines, ce serait bien peu modeste, bien loin surtout de cette volupté que j'ai du mal à définir ; elle n'a rien de sexuel, alors disons plutôt de ce bien-être dans vos bras d'un autre corps vivant et chaud. Pour des bébés, pour des enfants et pour le chat, pour toi quand tu te loves après l'amour dans le creux de mon bras, simplement pour le bien tranquille d'être là, je suis un matelas, une plaine à jouer, à s'endormir, un espace accueillant, sans réactions brutales, sans danger. Cela n'est rien, mais c'est très doux d'être le grand, celui qui calme, qui protège, et d'accueillir la vie en creux, dans une tendresse d'épaule.

Petit, je m'endormais sur les genoux de ma sœur, de Maman. J'avais ma place dans ce monde, et maintenant que c'est mon tour d'être le sol, la plaine et le velours, je sais qu'un jour mes mots s'approcheront du calme de mon corps, à parler de Yaourt ou du bonheur, à tenir contre moi la paix du monde.

Les peintres du bonheur

Collection Walter Guillaume
Musée de l'Orangerie
Place de la Concorde
Ouvert tous les jours sauf le mardi
de 9 h 45 à 17 h 15

L'affiche de Renoir est très belle. Un enfant moitié page moitié clown, dans son habit de satin orangé, une petite collerette blanche, un chapeau de pierrot, des chaussons de danseur. Il ressemble à Vincent. La fête est dans ses yeux, l'éclat de son costume vient de l'intérieur, et flambe grave au chaud de son regard. Rien de plus sérieux que la fête. Revêtir un costume, c'est changer de nature et d'espace, mettre des ailes un peu rigides qui vous font flotter sur le parquet des grands, à tout petits pas raides et gonflés d'importance. C'est un enfant d'un siècle. Ses yeux brillent de haute solitude et de plaisir. C'est vrai qu'il est comme Vincent, prince des clowns dans une maison de silence. J'ai rapporté l'affiche de Paris. Elle ira bien dans nos images ; au-dessus du fauteuil, on poussera un peu le poster de Larsson, l'affiche de Folon.

14 janvier 1985. Que Paris était beau, hier, dans son lundi de glace. J'avais trois heures à n'y rien faire, et des amis m'avaient parlé de cette collection, de quelques Marie Laurencin plus gris que bleus, plus blancs que roses. Il fait très chaud dans les salons des musées parisiens. Par les fenêtres immenses de l'Orangerie, je regardais les Tuileries presque désertes : — 10° en plein soleil, disaient les gens. Dans les expositions, c'est souvent le tableau que je préfère : un coin de paysage découpé dans la réalité par la magie du cadre dépouillé d'une fenêtre. Non pas que la peinture m'ennuie. Mais entre deux tableaux, le paysage aussi devient peinture. Hier, c'était sublime. Entre les pommes rouges de Cézanne et le petit clown orangé, les Tuileries glacées dans leur désert de neige. Espace de l'hiver, bonheur chaud de la table, avec les titres délicieux des tableaux de ce temps-là Paul Cézanne-Pommes et biscuits. Dans une assiette bleue coupée par le bord de la toile, la moitié d'un biscuit rose, dur et cassant sans doute, de ceux qu'on trempe dans un verre de champagne. Pourquoi un biscuit à champagne

près des pommes ? Pour les couleurs peut-être, le bleu froid de l'assiette sur le brun-fauve de la table. Nature morte. On ne sait rien des gens qui peuplent la maison, mais on est bien dans ce silence, ces couleurs à toucher les yeux. On est dedans. Plus loin les Demoiselles au chien de Marie Laurencin vous invitent dans un salon plus clair tapissé de feuillage, cheveux d'écharpe et longs regards d'amande.

Il n'y avait pas grand monde dans les salles, un groupe d'étudiants, des gardiens sommeilleux. C'était Paris, tout cet espace chaud du musée solitaire, tout cet espace d'intimisme solennel et tellement civilisé. Je suis passé de l'Orangerie au Jeu de Paume. Entre les deux, j'ai fait un tour dans le jardin tremblant d'air froid. Au milieu du bassin gelé, le jet d'eau incliné sous le vent sec retombait sur la glace en perles d'hiver dures, cristal de cruauté, beauté de lumière et de mort contre les arbres noirs. A l'entrée du Jeu de paume, le bavardage des caissières :

— Le chaud, on arrive toujours à se rafraîchir, mais là, quand on a froid, c'est fini.

— Approchez donc un peu le radiateur électrique !

C'est drôle ; il y a toujours près des lieux de beauté tragique d'autres lieux resserrés, douillets, si confortables, où coulent pour le plaisir de couler des mots sans importance et rassurants.

Le Jeu de paume, je connais par cœur. Mais pour le froid dehors, je me suis attardé au pays de Gauguin, pour la couleur des mots, la chaleur des images. Vaïrumati. Comme c'est bon cet orange et ce jaune, et cette femme en pagne blanc, offerte et lointaine pourtant, quand Paris s'endort sous la neige.

Impressionnistes, Symbolistes, post-Impressionnistes ; je ne connais pas grand-chose aux querelles d'écoles, mais je me sens de ce pays de lumière arrêtée, de tendresse docile. Pissaro Les toits rouges, Monet Le déjeuner au jardin. Ce sont les peintres du bonheur. Dans la couleur des jours, sans chiqué, sans tapage, dans des maisons très simples et d'autres un peu bourgeoises, ils ne saisissent pas le drame ni l'exploit, mais la lumière de la vie, cercle de lampe sur un coin de table, la main qui va saisir un bol de chocolat, désordre rougeoyant des pommes. Et quelle pudeur dans la tendresse pour les personnages ! Eugène Manet et sa fille au jardin, dit Berthe Morisot. Mme Vuillard tenant un bol. Mme Vuillard arrosant des jacinthes. « Madame », dit Vuillard. On imagine son sourire. Il ne parle pas de sa mère. Tenir un bol, arroser des jacinthes. Ce sont des gestes sans discours, et si l'amour y est enclos, c'est en deçà des mots dans la lumière quotidienne. Des jours nous sont donnés dans le silence à pas légers. C'est une sensibilité fin dix-neuxième, ou juste après, mais je me sens de ce temps-là.

Les mots n'ont pas fini de rattraper les peintres du bonheur. *Du côté de chez Swan,* parfois, Colette avec *Sido,* si proche de la silhouette de Mme Vuillard. A condition pourtant de s'en tenir au livre, et de ne pas se plonger dans leur correspondance si mesquine, récemment publiée. Quelle déception d'y découvrir une Sido presque cupide et froide, si loin des gestes du roman. La vraie tendresse, c'est le geste arrêté dans le temps. La vraie Sido, c'est Sido au jardin, en quête des enfants, des chats, des présages d'averse. Ce sont des gestes, des tableaux. La vraie Sido, c'est Mme Vuillard arrosant ses jacinthes.

Intimité, silence, et la chanson des jours. Les mots n'ont pas fini de retrouver les peintres du bonheur. S'ils nous faisaient du bien, à la fin du vingtième ?

Le petit clown est sur le mur, et ressemble à Vincent.

Tableau VIII

Yaourt est mort, juste avant les vacances. Nous n'avons rien dit à Vincent. Lui-même a attendu longtemps pour poser des questions, comme s'il se doutait de quelque chose. Un peu gênés, nous avons parlé d'un voyage, d'une petite chatte que Yaourt avait rencontrée... Nous comptions sur les jours pour effacer le tourment sourd qui commençait dans l'absence légère du plus secret des passagers de la maison — ce frôlement évanoui, quelques croquettes au fond d'un bol, un peu de froid dans le silence.

Et puis Vincent s'est mis à pleurer tous les jours, à savoir que nous lui mentions. Il ne nous en a pas voulu, mais c'était lourd de sentir simplement qu'il était assez grand pour porter seul le poids de nos mensonges. Il m'a demandé un clou et un marteau. Il a cassé des branches, et fabriqué une petite croix tordue qu'il a plantée dans la cour, tout près de son jardin. Il a disposé tout autour la plus belle pierre de sa collection — un quartz rose translucide et doux —, la marionnette de Yaourt que Martine avait faite, une immortelle rouge, et un message. Sur une feuille jaune, il a écrit ces mots : « Yaourt, Minou, mon chat, mon frère. Que ces quelques mots te soit familial. » J'ai découvert ce petit mausolée en rentrant du collège. Vincent n'était pas vraiment triste, et construisait un pont juste à côté du cimetière improvisé. J'ai croisé son regard, et puis voilà.

« Que ces quelques mots te soit familial. » Je peux toujours jouer avec les mots, connaître l'orthographe et la grammaire.

Le voyageur

Je regarde grandir Vincent. Il vient d'avoir huit ans. Je sais un peu ce qu'il devient dans la tendresse, quand il nous dit :

— Plus tard je serai facteur, comme ça je vous verrai tous les matins !

Et puis il éclate en sanglots. Il me confie aussi :

— Les grands du CM, ils ont à apprendre une belle récitation, mais elle est un peu triste, c'est un monsieur qui est ami avec des souris, et elles s'en vont.

J'essaie bien de dire que ce n'est qu'une histoire, mais il répond :

— Je sais, c'est une histoire, mais le monsieur, il est vraiment tout seul !

Pour Blanche Neige, c'est pareil : dans son cercueil de verre elle est morte pour l'éternité, et le baiser du prince n'y peut rien changer. Je me tais, désarmé devant sa logique plus haute que la mienne. Je le devine à peine, parfois un peu menteur, si clair le plus souvent, transparent, ébloui, blessé peut-être. Je sais bien peu de ses silences, de ses angoisses solitaires avant de s'endormir, des premiers troubles inavoués. Ce monde en lui que je recherche tant, ce regard sur le monde, sa vie ne m'en dit presque rien. Il veut de temps en temps que je lui lise des histoires. Moi je lis vite, et je mets bien le ton, mais c'est lui qui conduit les mots, s'embarque et voyage pour deux. Sur le quai j'imagine, je reste au bord de l'eau. Dans le vieux fauteuil de velours châtaigne, il y a place pour deux, bien calés dans la tendresse. Je le tiens par l'épaule et c'est lui qui me protège, me rappelle qu'il y a tout près, si loin, le vrai pays des mots.

On répète une phrase, un mot d'enfant. On dit « C'est merveilleux les gosses », ou simplement « C'est drôle » ; on ne sait plus grand-chose du pays d'Avant. Quelques mots qu'on répète, et qui nous font sourire. Quelques mots d'un éclat qu'on voudrait familier ; on s'amuse de la distance et la distance nous fait mal, car ce sont des années-lumière. Mais c'est vrai qu'en sourdine c'est déjà très beau.

Vincent grandit, change si vite, et veut que chaque jour soit une fête. Sa passion du déguisement lui fait aimer les boutiques austères où l'on vend au coupon des tissus bon marché. Chez Toto Soldes, à Rouen, il nous entraîne :

— Celui-là pour un habit de clown ! ! Regarde, des carreaux d'Arlequin !

Martine ne résiste guère. Entre ses classes et ses albums, les courses et la maison, elle n'a pas trop de temps, pourtant, mais celui-là reste sacré. Les rédactions peuvent attendre, et même les Clémence ont droit à l'infidélité, quand la fête commence, abstraite, dans le souk étonnant des rouleaux de tissu. Un peu en retrait, je les regarde discuter, jouer des coudes près des ménagères en quête d'une bonne affaire. Ils sont tous deux si graves alors. Le clown, ou l'arlequin ?

— Maman, et avec ce tissu brillant ? Tu sais, si on mettait des clochettes, comme les monsieurs à côté des rois ?

Clown blanc à parements turquoise, bouffon jaune safran, rouge framboise, Arlequin à carreaux acidulés. Vincent a tout rêvé, Martine a tout réalisé, et le désir s'est prolongé de cette sagesse d'attendre.

Tu peux l'essayer, mais il est juste piqué. Fais attention aux manches et aux épingles !

Bouche fermée, regard baissé, au plus profond de lui, cérémonieux, Vincent s'avance vers la glace du palier. Ce bouffon-là n'est pas celui des bosses et des grimaces. C'est le bouffon d'une alchimie princière, transparente. Regard ailleurs, Vincent s'embarque au-delà de lui-même, et survole le temps d'une grâce aérienne.

Parfois des copains viennent, et chacun se

déguise. Dans l'escalier, ils se bousculent et crient trop fort. Rodolphe devient clown, et Fabrice, Arlequin. Les costumes soyeux souffrent un peu des bousculades, mais tant pis. Les yeux brillants, ils passent comme un feu léger dans les couleurs d'automne de la salle à manger. Et puis les mamans viennent les chercher, et Vincent redevient ce petit prince solitaire. Dans la vieille maison pleine de livres et sans télévision, il passe en costume d'envol, en fête magicienne. On ne possède pas les rêves des enfants. Il passe grave, et ce regard absent...

Il aurait pu aimer les Albator, les Goldorak, qu'aurions-nous pu y faire ? Notre influence a ses limites, et dans cette maison bourrée d'albums, de livres pour enfants, il ne lit guère que les Schtroumpfs ou Boule et Bill... Mais pour les silhouettes surannées des bouffons, des pierrots, des saltimbanques, son goût est au-delà de nos désirs. C'est de lui-même qu'il s'en va vers cette soie de Moyen Age, vers cette Commedia dell'arte au fond de lui. Il ne sait rien de ces temps-là, mais d'instinct y trouve sa place, entre les fastes de la cour et les élans de carnaval, et je l'imagine assez bien assis, jambes pendantes, l'œil songeur, au bord de la charrette d'Arlequin — au loin s'éteignent les lumières d'un village.

Longtemps avant la fête, un long désir, et ce regard qui brille en découvrant des coupons de tissu. Beaucoup plus tard, ce moment solennel : on revêt le costume, on s'abolit. Et puis le rire de la course, de la danse, de l'oubli. Enfin, la solitude, encore costumée dans la lumière, tout près du fleuve du sommeil. C'est le bal de l'enfance bouclez la ronde au grand pays.

L'image et le théâtre, le mime du silence et le bonheur des mots, la danse et la chanson : c'est ça le rêve de Vincent, la voie de son spectacle. Tout petit, il a vu sur les planches — nous ne sortions jamais sans lui — Les Frères Jacques, Julos Beaucarne, Angelo Branduardi, des gens qui bougent et qui racontent, dont le corps traduit l'âme et lui dessine dans le noir un chemin suspendu. Il a vécu dans les coulisses les tours de chant d'Yves Duteil, tout au fond de la scène, derrière le rideau, dans la lumière bleue des projecteurs — Yves en passant posait un baiser sur son front, avant de s'avancer vers cette nuit mouvante et chaude de la salle, ce grand vide si dense devant lui. Assis sur une caisse, recueilli, Vincent le regardait de dos. Tout au long des spectacles, il a appris à écouter, à se taire longtemps d'un beau silence, à s'embarquer. Quand un des techniciens parlait trop fort à un collègue, Vincent le toisait, offusqué. Le jour d'une « dernière », à l'Olympia, il a été très malheureux de ce chahut traditionnel des fins de tour de chant qui lui gâtait la beauté du spectacle. En même temps, il rêvait toujours que la salle se mette à danser.

— Dis, tu crois que les gens ils vont danser sur la Farandole, aujourd'hui ?

Chanter, danser, dire, mimer. Un jour, il a rencontré son modèle. Il venait du Québec, avec une silhouette osseuse, une tête d'oiseau de proie, fendue d'un sourire si chaleureux, et des trésors de neige et de gigues endiablées dans ses bagages.

— Je peux faire de la place pour danser ?

Vincent repousse le fauteuil d'osier, le canapé. Pour la centième fois, Vigneault revient sur la platine. Nous n'avons vu que deux de ses spectacles, à Dieppe et à Paris, mais Vincent a tant regardé qu'il sait encore les pas, la frénésie du pied qui tape, des jambes qui se croisent. Le haut du corps indifférent, la tête droite, le regard ailleurs, il dessine des pas d'une incroyable virtuosité, réveille la magie des violons fous, de la terre battue ; sa silhouette enfantine redécouvre une autre vie, l'espace du village et le bonheur de la cadence.

Son amour de Vigneault ne s'arrête pas toutefois à ce déferlement rythmique. Il sait par cœur également, et chante d'un air grave avec une voix si légère :

Comme évadé des prisons du pareil
Comme un fuyard des filets du soleil
Ainsi je suis
Lorsque la nuit
Me fait renaître à l'envers du sommeil.

Mais il n'est pas fâché de retrouver ensuite un rythme plus allègre :

Mettez vot'parka j'mets l'mien
Vous verrez d'où c'que l'vent vient

— C'est la danse qui commande et prend tout à son bord, dans ce bateau pour les vrais voyageurs :

C'est heureux que les enfants
Se dépensent dans la danse
Imaginez qu'ils commencent
A regarder les plus grands
Laissons mesurer le temps
De leur danse la plus belle
Les danses qui les appellent
Sont des danses de parents.

Les enfants dansent et l'enfance s'en va, c'est ça le grand voyage. Vigneault le chante, mais ses paroles un jour rencontrent une autre enfance. Le temps n'est par perdu d'avance pour les danseurs, les arlequins, les princes silencieux des palais solitaires. Vincent le voyageur s'éloigne au grand pays. J'aime sa danse et le silence qui la suit. Avec des mots je l'imagine...

Tableau IX

Il faisait froid, si froid cet hiver-là. Le fuel gelait dans les conduites. Une gangue de glace recouvrait les trottoirs, les volets. Jours de cristal au grand soleil. Le ciel était si haut dans sa cruauté bleue. Il n'y avait pas d'école. On faisait des gâteaux pour se tenir au chaud dans la cuisine. Tout le jour était fait de petits problèmes insolubles, de tracas matériels, de minuscules catastrophes. Et puis le soir... Pas de chauffage ; on se blottissait tous les trois dans la chambre du haut. Vincent ravi campait dans notre lit. Que c'était bon d'être si près de nos chaleurs, nous n'avions pas sommeil et le temps s'arrêtait, souviens-toi de cet hiver-là, comme nous avions chaud de tant de froid, dans l'île de la chambre au plus secret des jours de neige.

La question difficile

Albert Camus a écrit quelque part : « Il n'y a rien de plus tragique que la vie d'un homme heureux. » Cette phrase m'avait frappé, au temps de la Fac, à Nanterre, peut-être un peu superficiellement. J'aimais les paradoxes, et celui-ci prenait à contre-pied beaucoup d'idées reçues au fond de moi. Je sortais d'une adolescence solitaire et de sa carapace de mélancolie, de son cocon délicieux de tristesse.

Adolescence... Une fille me sourit mais je n'ose pas lui parler, trop orgueilleux pour prononcer les premiers mots. Alors je garde en moi l'amour parfait, l'amour silence, cristallisé le long des marronniers de la terrasse, à Saint-Germain, quand je séchais le cours d'Histoire. Je suis bien dans mon mal de vivre. L'année prochaine me verra peut-être révolutionnaire en Bolivie, le bac est si lointain...

Amour impossible et parfait, juste colère révolutionnaire. Voilà comment, l'année d'avant le bac, je concevais le monde. Pour son dernier cours de Philo, M. Gaucheron nous avait demandé de répondre chacun son tour à la question : « Êtes-vous heureux ? » — et presque tous avaient répondu non. Trente-sept adolescents entre dix-sept et dix-neuf ans soudain confus et bredouillants, gênés, cramoisis, jouant le jeu par déférence et affection, mais pris de court et de malaise. Je sais ce que certains sont devenus depuis, de ceux qui préparaient une carrière à celui qui glissait déjà vers l'alcoolisme et le vrai désespoir. Mais le bonheur ? En ce début ensoleillé de juin 69, sous l'uniforme de shetland et de jean de velours, beaucoup se ressemblaient pour douter de son existence, et de son intérêt. Pour la première fois de l'année le prof semblait soudain déconcerté, commençait l'apologie laborieuse d'un équilibre personnel qui ne nous tentait guère. Un silence tomba bientôt sur la longue salle austère, où tant de débats passionnés avaient ricoché tout un an...

On est toujours le maladroit lorsque l'on dit je suis heureux. Après tant de cours scintillants de ferveur, de lumière donnée et de chaleur offerte, M. Gaucheron nous livrait à nous-mêmes et trébuchait sur un concept. Je sais que c'était très injuste. Mais à l'époque, je lui en ai voulu de terminer ainsi sur un cours magistral plutôt raté, sans avoir entendu vraiment ce que nous ne savions dire.

J'avais des rêves : une fille impossible, une révolution parfaite, un livre que je n'écrirais jamais. Il y avait dans le mot bonheur quelque chose de lourd et de repu. Les deux syllabes ont bien changé depuis d'espace et de matière. Je le dis aujourd'hui du bout des lèvres, en l'envolant, comme une bulle de savon d'impalpable lumière, ce mot que je trouvais si platement solide et rassurant. Je n'ai jamais revu M. Gaucheron, mais ma gratitude le suit, car je lui dois mon bac, et la rumeur d'une jolie question. J'ai mis vingt ans pour commencer à y répondre.

Tableau X

« Ne t'en fais pas pour moi. » Voilà les derniers mots que tu as dits, avant de raccrocher le téléphone. Tu es à Paris aujourd'hui, ce mercredi de fin janvier, un rendez-vous pour tes dessins. « Ça les intéresse, mais c'est encore flou. » Vincent écoutait près de moi. Il est un peu malade et silencieux. Nous nous sentons comme deux petits vieux quand tu es loin. Tu es partie avec ton grand carton plein de dessins. Si j'étais éditeur, ça ne serait pas flou ; je passerais ma vie à publier tous tes albums, à inventer des milliers de Clémence et des millions de Gaétan. Tu es partie avec ta cagoule bleu slave, avec tous ces trésors de tendresse et d'attente dans ton grand carton. Dans tes albums, il n'y a pas assez de violence.

Paris est dur, beaucoup trop noir, beaucoup trop grand.

J'écrivais tout juste ces lignes et tu viens de me rappeler. Pendant que je me sentais triste et loin, tu le savais, et tu cherchais une cabine. Tu t'ennuies à Paris, le train n'est qu'à cinq heures, tu ne sais plus quoi faire. Tu n'es pas triste pour le rendez-vous. Je ne crois pas ce que tu dis, car ça me brûle aussi au creux de la poitrine. Un jour tes personnages de silence danseront partout le vol léger de leur enfance.

Je suis en mal de toi, dans la maison trop grande un mercredi bien anonyme. J'aime Clémence autant que toi, je le sais aujourd'hui, ma grive silencieuse avec mon rêve sur tes pas. Manteau bleu-vert, ton carton à la main je t'imagine. Dans les rues du sixième tu marches vers toi-même en attendant que la douceur revienne. Comme Clémence au bord de la ronde étrangère, tu regardes la vie mais tu n'y entres pas. Un jour on dansera dans ton regard dans ta lumière.

Ne manque pas le train ce soir, ne te perds pas.

Aquarelle

Elle fait de l'aquarelle au creux de ma maison. C'est le début d'après-midi ; dans le bourg endormi, rien ne se passe, rien ne bouge. Sur la table de la cuisine, elle s'installe. De l'eau dans un pot de yaourt en verre, une minuscule boîte noire, un bloc de papier Moulin d'Arches. L'atelier ne tient pas de place ; au moindre toc toc à la porte, il disparaît. J'ai voulu lui offrir une boîte plus importante, quelques pinceaux, des provisions de papier à grain fin... Mais j'ai bientôt senti mon insistance déplacée. Elle veut une gomme, un pinceau, très peu de palets d'aquarelle. Un jour, très fière, elle m'a montré un livre d'art. On y disait que Berthe Morisot n'aimait pas laisser traîner l'opulent déballage des peintres reconnus, mais voulait que la vie le recouvre, l'efface, que sa maison soit celle d'une femme, non d'un peintre. Martine a dégusté ce détail avec bonheur, et j'ai compris. Derrière l'apparente modestie de cette osmose domestique entre la peinture et la vie se cache un orgueil que j'adore. On a tant vu un peu partout de ces ateliers satisfaits de la peinture ostentatoire : grande verrière, immense table de travail, débauche de tubes entrouverts, enchevêtrement titanesque de brosses, de pinceaux, produits chimiques dans un coin, toiles empilées, cimaises ; opulence gâcheuse du talent étalé, modestie tout aussi feinte de l'artisanat d'art, garage du génie. Ce besoin d'étaler, de déployer les objets de peinture, serait d'après Martine d'essence quelque peu virile. Je lui laisse en partie la responsabilité de cette dangereuse théorie, mais je me sens assez d'accord, au risque de choquer les peintres femmes qui tombent aussi dans ce folklore.

Alors, pas d'atelier. Une cuisine, c'est bien mieux. L'odeur de quatre quarts marbré, de tarte au citron meringuée, vient quelquefois flotter sur les Clémence d'aquarelle. Dehors, la lumière n'est pas celle d'une verrière de Montmartre. Moins parfaite et plus sourde, il faut la cueillir quand elle passe, au début de l'après-midi, s'accomoder du ciel de Normandie qui pleut gris sur l'hiver, mais prend parfois cette douceur d'avant la neige, tremblante et pure, évanescente. Un camion passe, ébranle la maison, les voisines bavardent, un rire fuse ; le silence imparfait donne plus de profondeur au silence, et le toit du voisin plus d'espace au ciel gris. A travers les rideaux de dentelle ajourée, elle voit la cour, quelques tulipes au printemps, le vent qui joue sur l'érable naissant. Mais la plupart du temps, c'est l'hiver doux sur les poiriers en espaliers, la cour gravillonnée, le toit d'ardoise du garage ; plus haut, le toit de tuiles du voisin, antennes de télé, couleurs de plomb éteint, de terre sombre, de bois mort, couleurs d'hiver sous leur manteau d'eau froide. C'est à peine plus laid que beau, pas vraiment autrefois et pas plus aujourd'hui, ce n'est ni la campagne ni la ville. Elle peint l'envers de son décor, et la vraie vie commence sur la table de bois blond. Près d'elle, un bouquet d'anémones, une orange, une lettre, et, la vaisselle du midi rangée, deux heures a peine pour cueillir la lumière, avant les lampes de l'hiver du soir. Le bloc de papier d'aquarelle est un joli bateau pour ce grand voyage immobile de l'après-midi. D'une apparence un peu rigide, très classique, avec sa couverture vert pâle, il fait dans le B.C.B.G. intemporel :

Moulin à Papier d'Arches
(Lorraine)
fondé en l'an 1492
Bloc de vingt feuilles pour l'aquarelle et la détrempe
26 x 36 cm 185 gr/m²
grain fin

Ce rabat soulevé, c'est un parallélépipède à la surface adoucie par le grain, comme une neige à peine bosselée rappelle les aspérités d'un champ. L'épaisseur du volume est noire, et lui donne un aspect solide et relié, d'un sérieux très artisanal. Le dessin terminé, il faut découper la feuille au couteau. Irritation et plaisir doivent présider à cette opération, comme pour séparer les pages non massicotées d'un livre passionnant. Avant de peindre, il faut mouiller la feuille ; sur l'impeccable bloc un peu distant, c'est déjà l'eau avec le bois, la vague sur le dur, le ciel contre la terre. Le sol résiste et la blancheur ne se noie pas, mais elle se fait d'emblée reflet, miroir ; le grain s'efface, et la rugosité du champ.

C'est là que vont naître ses personnages, les Clémence et Cécile, les Narcisse, les Grains de sel, les Gaëtan et les Vincent. Personnages pour les enfants ? Peut-être pas vraiment. Personnages pour les enfances ; c'est ça le nom de leur pays, de leur mémoire. Petits champignons mélancoliques, ils passent sur la terre, et le ciel semble immense au-dessus de leur tête. Leur corps est un peu lourd, comme si trop de poids les attachait à la douceur d'ici. Ils dansent, ils font la farandole quelquefois, mais un peu gauchement, un peu gourds et pataudes — leurs gestes ont tant de mal à rattraper leurs rêves. Leur corps s'applique et voudrait bien, mais ils sont maladroits. Ce sont des danseurs de dedans, des rêveurs un peu tristes en retard sur eux-mêmes, et la danse est d'ici, mais le rêve est d'ailleurs.

Il y a un dessin qui traduit tout cela. Une Clémence assise en tailleur dans une cour d'école. Elle regarde tourner une ronde ; elle n'y entre pas. Elle n'est pas triste, mais elle tient tout dans son regard : le bonheur de la danse et la mélancolie d'être juste à côté. Immobile près de la ronde, elle voit les images tourner — le monde est un spectacle à regarder.

Clémence, Cécile, Grain de sel n'ont pas de bouche. Ils ne consomment pas la vie ; ils approchent, ils attendent. Au creux de leur regard, le temps devient plus long, plus grave. Elle... Elle n'est rien qu'un peu d'enfance au coin de leur regard baissé. Elle sait comme eux la mélancolie du bonheur, la sagesse d'attendre.

Un jour, vous les verrez partout. Je ne serai plus seul à m'envoler dans *Cécile et le cerf-volant* — c'est peut-être l'album que je préfère. Un grand verger dans la couleur du ciel avant l'orage. Cécile marche dans l'espace avec son cerf-volant pour seul ami. Elle lui parle dans le soir :

« Tu es léger et bleu comme le silence, mais les hommes ont oublié aussi le sens de ce mot... Tu as pour ami les oiseaux de passage, les nuages, les coups de vent : ce qui se défait, ce qui change et qui s'en va. »

Un jour, je ne serai plus seul à aimer Grain de sel, un petit clown de rien du tout qui se met en voyage et devient cirque à lui tout seul. Au fond de Grain de sel, une voix parle ainsi :

« Tu es grand, plus grand que tu ne crois. Nous sommes tous petits, mais il suffit d'un peu de lumière, d'une lanterne, d'une bougie, pour que nos ombres s'allongent sur le monde entier. Allume une bougie... » Sur le dessin, l'ombre de Grain de sel est bleue, penchée, immense, déployée sur la courbe du chapiteau. Le tout petit clown blanc est devenu comme un oiseau de rêve suspendu. Plus loin, il marche sur un fil, avec un lampion d'or en équilibre sur son front. Les spectateurs ont peur et se resserrent. « Le rêve, c'est ici », dit le petit clown courageux. Il ressemble au bonheur, à la petite fille de la ronde. Funambules hésitants, cerfs-volants qui s'emmêlent parfois, juste un peu maladroits, funambules d'ici, gardiens du bleu d'enfance.

C'est de l'enfance qu'elle s'approche, avec des crayons, des pinceaux, sur la table de la cuisine. Elle a écrit des souvenirs et des images, un album étonnant qui sera le plus beau, le plus pur. Les mains dans les poches de son tablier, la petite fille écoute l'eau tomber dans la cour de l'école, accotée au mur du préau :

« Les oiseaux naissaient de nos silences, la pluie de nos solitudes. La gouttière qui déverse à grands flots ses minutes de récréation éclabousse notre désœuvrement. Chaque goutte sur l'auvent du préau se rétracte en seconde, le temps s'étire, se met soudain à exister quand nous nous cessons. Je m'écoule par les gouttes, par les flaques, et plus je me fluidifie, plus le temps s'enracine. »

Voilà. Tu as plus de trente ans, mais chaque jour qui passe te rapproche de ta cour d'école, de cette intensité-vertige du regard. Avec des mots, avec ces images surtout, chaque jour plus fidèles au rêve de les retrouver. Tu étais une enfant, tu deviens une enfance.

Moi, j'ai troqué mon pupitre d'écolier contre

une table ronde en merisier. Je pose devant moi cette photo qu'un jour tu m'as donnée. C'est mon plus dur devoir d'école ; sur ce petit cliché dentelé, carré, qui sent bon les années cinquante, retrouver ton village en plein Paris, tout près de tes images d'aujourd'hui.

C'est un jour de neige sur le pont Caulaincourt. Au fond de la photo, on devine à peine la Place Clichy, entre deux haies d'immeubles et une rangée d'arbres nus... A droite, la silhouette massive du Gaumont-Palace se détache. Simone m'y conduira un jour, pour voir Ben Hur avec Charlton Heston. Je ne sais pas si c'est la perspective, l'angle réduit de l'objectif, mais la Place Clichy semble infiniment loin du groupe de petites filles au premier plan. Il manque la rumeur, cette tonalité sourde qui fait mentir l'espace de Paris. Il manque les autos. Le pont est en travaux ; une grande palissade le traverse, des planches qu'on devine rouges et blanches, comme un poste de douane entre les deux Paris. D'un côté ton village, et de l'autre on se perd...

Tout près de la haute rambarde de fer noir, les petites filles font les folles, autour d'un bonhomme sans doute, mais on ne le voit pas. Tu me parleras d'Anne-Marie, devenue très jolie, d'Anne Cirany qui t'accompagnera au Lycée Jules-Ferry. Toi... Rien ne te distingue en apparence de tes copines. Tu as les cheveux courts, très noirs, un anorak de nylon doublé de fourrure, à la mode de ce temps-là, des bottes en caoutchouc. Tu es penchée sur Anne, et tu regardes l'objectif. Un sourire trop clair me traverse, et je n'existe pas. Je suis la chambre noire, je deviens l'autre enfance. La neige est déjà molle et vous riez trop fort. Autour, Paris s'est arrêté dans la clairière d'un jeudi. Je sais. Bientôt, il va falloir rentrer, c'est quand même Paris, c'est-à-dire tout près Paris poisseux, troublant, vaguement louche...

Rue Marcadet, très tôt l'après-midi, il faut de la lumière. Le front contre la vitre de la salle à manger, tu regardes la neige s'embourber dans le Square Carpeaux. Tu écoutes monter les derniers cris trop forts des jeux qui vont finir. Sur le toit du kiosque à musique, la neige est restée blanche ; le bleu du soir descend, déjà cinq heures. Tu gardes dans tes yeux la neige bleue, le toit vert sombre. Tu rêves longuement de champs de neige où les pas ne marqueraient pas. Une île au milieu de ton square, au creux de toi.

Elle garde dans ses yeux la neige bleue, le haut pays d'enfance. Dans la cuisine d'aujourd'hui, avec sa robe de velours rose passé, ses longs cheveux nattés, elle se penche vers les Clémence d'aquarelle. Il faut mouiller la feuille avant, pour que tout soit reflet, transparence, lumière. Ensuite il faut retrouver les couleurs, peindre sans bruit dans une vallée de silence. Déjà quatre heures et quart, Vincent va sortir de l'école. Elle laisse son dessin à côté d'une orange, elle met dans le four un gâteau couleur d'or, et ça sent la vanille au creux de son décor. Désordre des couleurs, des feuilles et des pinceaux sur le blond de la table. Non, ce n'est pas un atelier. Plus tard, on allume la suspension, Vincent fait ses devoirs, on laisse un peu traîner les objets de peinture, les palets d'aquarelle près des fruits, des aubergines vernissées des cahiers d'écolier. C'est aujourd'hui, et c'est demain peut-être... Elle fait de l'aquarelle, l'enfance s'apprivoise, et doucement le soir descend.

Tableau XI

Dans le petit matin d'hiver, le bois du lit grince au-dessus de moi. Bientôt tu vas descendre l'escalier. Lentement. L'escalier n'est pas qu'un endroit de passage : miroirs encadrés de bois peint, dessins d'Hansi, albums pour les enfants. Si le papier peint se décolle un peu le long des murs humides, on ne le voit pas trop sous les cartes postales d'autrefois, les boîtes anciennes de pastilles pour la toux, les affiches de musée. Une coquetterie économique nous fait préférer les affiches temporaires aux reproductions vierges. Cézanne, Orangerie des Tuileries, 20 juillet-14 octobre 1974 ; Folon, Musée Ingres, Montauban, 25 juin au 5 septembre 1982. Ces dates rapprochées donnent encore plus de prix au tableau balafré de lettres. L'affiche est pour toujours au mur, et c'est du temporaire pour l'éternité.

J'entends ton pas dans l'escalier. Tu t'interroges un peu dans les miroirs, tu changes une photo de place. Puis tu descends vers moi, et je cherche les mots. Dans un instant, je vais cesser d'écrire, l'odeur du café chaud va me reprendre. Le bonheur est là, je le sais, dans le temps arrêté près de nos deux silences, dans les petites phrases sans importance prononcées pour amorcer le jour. Tout doucement, pour ne pas réveiller Vincent.

C'est bien, dans les cuisines

C'est bien, dans les cuisines. Des choses se préparent lentement, dans le désordre et les couleurs. Des choses qu'on mangera très vite, en parlant trop, le plus souvent, ou bien en dissipant cette légère gêne des débuts de repas avec la phrase toute faite :

— Quand tout le monde se tait, c'est que c'est bon !

Trop silencieux ou trop bavard, le plaisir de manger semble bien dérisoire, dans la salle à manger, à côté de cette longue fête qui l'a précédé. Dans les cuisines, pas d'effort, aucune crispation pour goûter le prix de l'instant. C'est en marge du temps ; on est dans le pays d'avant, à l'abri du présent, avec un alibi solide et délicieux : on prépare, on attend.

On est si bien dans les cuisines que parfois les invités viennent s'y réchauffer. D'ailleurs, quand ils franchissent la frontière, abandonnent l'espace artificiel salon-salle à manger où la civilité officielle et gourmée les avaient confinés, ce ne sont pas des invités, mais des amis, tout simplement. Entrer dans la cuisine est un pas important vers l'amitié. Debout, dans la chaleur parfumée du rôti, l'ébullition tranquille des légumes au fond de la cocotte, on parle avec animation des choses toutes simples de la vie, et la conversation sans suite se mitonne, enjouée, naturelle. Même les orateurs oublient leur numéro, et croquent en passant un radis au lieu de faire un mot.

— Vous n'allez pas rester debout comme ça !

La maîtresse de maison le dit sans trop y croire. On lui répond qu'on est très bien ici, bien vite on parle d'autre chose. Personne n'a envie de quitter la cour d'école parfumée pour s'exiler dans l'enclos solitaire fauteuil et canapé.

Dans les cuisines, la soirée n'est pas commencée. On en déguste le meilleur sans se l'avouer à soi-même ; ainsi font les enfants pour les vacances, huit jours avant la fin des classes — c'est ça, la liberté.

— Je peux t'aider à quelque chose ?

— Non, non, on va pouvoir passer à table.

Mais la presque menace est largement suivie de rémissions, que l'on prolonge avec affairement, coupe de pain, rires sur les couleurs vives des crudités, odeur caramélisée du four, bavardages complices et débouchage de bouteilles. Dans cet empressement facile on vole au temps du temps sans importance et qui flotte léger, rafraîchissant comme du vin nouveau dans un verre à petites bulles.

C'est bien dans les cuisines aussi quand les enfants font leurs devoirs, au début de l'hiver, au creux de la semaine. Sur la toile cirée, le beau désordre des cahiers, des crayons de couleur, des gommes et des bouquins. C'est après le goûter, loin du dîner encore, une plage de temps très pur dans la nuit qui commence au-delà des rideaux. Les devoirs traînent un peu. Au début on y pense, mais insensiblement la main écrit moins vite, et la conjugaison ne devient qu'un prétexte pour cueillir la paix du soir. Le cercle de la lampe unit le compotier au passé composé, l'auxiliaire à la pomme. Dans un studieux plaisir, on prolonge avec des devoirs le talent de flotter dans les couleurs, et bientôt les parfums ; premiers préparatifs des dîners ordinaires, petits bruits rassurants dans le silence de la nuit de l'œuf cassé contre la porcelaine, pacifiant râpement de l'épluchage des carottes. Il vaut peut-être mieux que la télé ne soit pas là, mais elle peut ronronner aussi dans le temps qui s'étire. Il est permis de regarder juste à côté de l'écran buveur de regards une carte postale sur le mur.

— Quand tu auras fini, tu mettras le couvert...

C'est bien dans les cuisines le matin. Premier levé, on s'habille à tâtons. On descend l'escalier avec une prudence de guetteur indien. On précède le jour en allumant le jour sous une casserole de café. Mais pour savourer pleinement le matinal bien-être des cuisines, il faut sortir chercher le pain, se plonger délicieusement dans la nuit froide et bleue, souffler devant soi son haleine en nuages dociles.

— Une petite, pas trop cuite.

Mme Trudelle ouvre à sept heures moins le quart l'empire chaud de sa boulangerie, qui devient aussitôt le centre embué du quartier. Ouvriers de la Télémécanique, lycéens en route vers le car de ramassage, chacun dit quelques mots ensommeillés, souvent les mêmes, et elle répond sans se lasser, car c'est un rite à respecter, une petite clé infime et nécessaire pour amorcer le jour.

— Pas chaud ce matin ! Moins quinze sur le plateau il paraît. Moi j'ai moins huit, mais dans la cour.

On rentre. Du café chaud et du pain frais, du froid dehors avant le bol qui fume. Le temps s'arrête sur les nouvelles à la radio que l'on n'écoute pas vraiment. C'est justement ce temps perdu qui vous met en retard et provoque déjà l'effervescence des toilettes et des départs. N'importe ; au-dessus de son bol, il faut le déguster à petites lampées, comme le temps des soirs tranquilles, comme le temps des soirs à invités.

C'est bien dans les cuisines. On fait toujours semblant d'être occupé. Mine de rien on garde tout, les couleurs, les images, et l'on cueille au passage les parfums de fenouil et les plaisanteries légères d'avant le souper... Pour moi, c'est la vraie pièce du bonheur. Sur la table de pin anglais, dans le désert-silence de l'après-midi, Martine a dessiné jour après jour tous les Vincent, tous les Narcisse, toutes les Clémence et Cécile. Pour elle, c'était mieux qu'un atelier ; le soir venu, les personnages s'envolaient quelque part vers le rêve au lieu de s'étaler dans un désordre ostentatoire. Je sais qu'ils sont dans la cuisine à chaque instant, invisibles et présents dans une bulle d'aquarelle qui nous fait de la lumière.

De part et d'autre de la table, deux bancs jumeaux ne plaident pas pour le confort des fesses ; mais quand on boit du thé au lait, après les cours, en se parlant de la journée, quand les amis passent au soir et prennent un pot, les coudes sur la table se rapprochent à se toucher, on n'est pas mal sur le bois dur ; on se sent ferme assis dans la couleur des jours et l'amitié, ça sert de rembourrage.

Quand nous sommes arrivés dans la maison, les murs de la cuisine étaient de ce vert pâle d'hôpital qui semble appeler le néon, le tremblement blafard sur un espace vide et cru. La couleur maintenant, c'est yaourt au cassis, un mauve chaud qui réduit les distances et nous rapproche du terrier. La rampe de néon est montée au grenier. Une suspension d'osier l'a remplacée, dessine un cercle où la vie se confine, invente des frontières et blondit le bois pâle.

Mais c'est au vaisselier qu'on reconnaît surtout

notre penchant pour la vie des souris anglaises. Sur trois étages resserrés, c'est un fourmillement de choses à manger pour les yeux. Ce sont les boîtes qui dominent : l'hilarité statique du bonhomme Banania à chéchia rouge sur fond de désert jaune-orange voisine avec le flegme en médaillon du très britannique Sir Thomas Adam's dont le profil sobre à moustache cautionne le sérieux des celebrated old english Oatcakes, sur fond de manufacture austère. Tout près, la boîte de métal pour le café offre à chacune de ses faces un tableau différent : « Le paysan boit son café. » « Le maître d'école boit son café. » « Le notaire boit son café. » « Le soldat boit son café. » Dans le rassurant confort de ce rite patriotique monte une petite fumée blanche évadée de la tasse en volutes de volupté. L'image est nettement sexiste : l'homme déguste avec une satisfaction condescendante sous l'œil ému de sa compagne, docile intermédiaire entre la qualité du produit et celle du consommateur. On peut tourner la boîte pour changer d'image chaque jour, mais celle du soldat revient le plus souvent. En cette heure privilégiée qui voit notre poilu revenir du front, ou bien en ce dernier instant d'une paix menacée qu'il va quitter pour la bataille, le temps semble hésiter, mais sur la table, entre le soldat et sa femme, la boîte de café est dessinée, ébauche d'un abyme, identité surnaturelle du plaisir au-delà des dangers. La saveur du café arrête le bonheur et gomme la fragilité sournoise du destin. C'est ça, aussi, le bonheur des cuisines : sous les talents modestes de l'arôme et de la couleur, dominer le présent, supprimer les menaces, tenir le monde au creux d'un plaisir chaud, dans l'immobilité sucrée des heures.

Boîtes à biscuits de la Hollande ou d'Italie, les mots ne disent rien que leur musique « Dageliks verzendingen naar alle delen der wereld », mystérieux sifflement des lettres dures amères venues du plat pays sur dessin de corsaire, « Lazzaroni et Soranno biscotti et amaretti », danse légère des mots d'Italie sur une ronde d'autrefois, des fillettes tout droit sorties d'un roman pour enfants bourgeois et sages dansent une ronde amidonnée sur la boîte sepia. Herbes et fleurs d'Angleterre sur des boîtes de Crabtree et Evelyn, « mixed cheese biscuits », « all butter cheese cookies » ; tous ces mots chantent sur les étagères, mais les gâteaux, on ne les mange pas. On les achète pour la boîte et le pouvoir inentamé de leur saveur imaginaire, à jamais enfermée dans des mots étrangers, rugueux ou caressants.

Boîtes à biscuits, boîtes à sucre, boîtes à musique, épicerie en miniature, avec des fruits et des légumes en pâte à bois peinte de couleurs vives, tasses à café, moules à gâteaux, pantin et kaléidoscope, le vaisselier déborde de volumes, de couleurs et d'images, et l'on rajoute les objets nouveaux en repoussant un peu les autres vers le mur — on n'enlève jamais.

On n'enlève jamais. Ce n'est pas un précepte, plutôt la pente paresseuse d'un tempérament qui nous invente au bout du laisser-faire, et dessine un décor avant de s'ériger en règle d'or. Tout garder. La cuisine porte les encombrants stigmates de cette morale envahissante. Même les prospectus publicitaires, les journaux usages, ont tendance à s'intégrer au paysage. Les enveloppes d'un courrier déjà ancien trouvent refuge entre les pots de confiture de Malause, sur l'étagère au-dessus du calendrier. Gelée de coings, Recette des impôts, groseille-framboise 84, Compagnie fermière des eaux, bocal de cerises au naturel.

C'est bien notre cuisine qui déborde de couleurs, de parfums et d'images, de paroles du jour, de journaux oubliés, de boîtes pour l'éternité. C'est bien notre cuisine, et sur la table de bois blond la cafetière d'émail rouge monte la garde, il ne peut rien nous arriver.

Tableau XII

— J'irais bien faire un tour jusqu'à Honfleur !

La phrase revient comme ça, quand on n'y pensait plus. Honfleur est dans la banlieue de chez nous, à peine une heure de voiture ; on l'avait oublié, mais quelque part le gris léger était resté, dans un petit recoin de la mémoire où il fait bon le retrouver. Il faut y aller dans la semaine, en automne, en hiver, quand les touristes ont déserté les terrasses trop blanches des cafés. Le blanc des tables en plein soleil n'est pas vraiment dans la couleur des choses qu'on attend là-bas. Honfleur c'est plus secret, comme un plaisir de l'intérieur, un rendez-vous mélancolique avec soi-même, quand on se sent juste un peu loin, dans les premiers froids de novembre.

La ville n'est qu'un port. Je sais. Il y a l'église Sainte-Catherine et toutes les ruelles, le Musée Boudin, que sais-je... Mais on revient toujours à ce rectangle d'eau, et l'on se dit qu'il n'y a pas d'autre port, tant celui-ci a l'évidente perfection d'un port de plaisance de l'âme. Pourquoi cette magie ? Les maisons sont étroites, presque comiques quelquefois, étranglées en hauteur sous leur manteau d'ardoise. L'église sur le port, avec son porche en avancée, la lieutenance austère ont leur charme, elles aussi, mais rien de bouleversant. Tout en haut des maisons, c'est amusant évidemment de voir se dessiner la courbe sage de collines à vaches, mais enfin... Quant aux bateaux, ils sont pimpants comme partout, de ces couleurs un peu criardes qui s'accordent près de l'eau : bleu roi et jaune bouton d'or, vert pomme et rouge vermillon. Voilà peut-être réunis les éléments épars de ce petit miracle, et le mystère reste entier. Il y a de jolis ports ; certains sont gais, et d'autres nostalgiques ; mais Honfleur est parfait, sans effort manifeste, sans talent perceptible.

On vient de loin pour ce petit miracle, et l'on ne reste pas. Un coup d'œil, quelques pas nonchalants le long du quai suffisent à combler l'attente inavouée d'une part de soi-même un peu flatteuse étouffée par les jours. C'est de l'eau cotonneuse et du ciel gris d'ardoise au bord d'un rêve sourd. On se coule dans le décor, et l'on traverse sans effort une image intérieure, l'écho d'une question très douce née dans le sommeil ;

on va se retourner au creux du lit, se rendormir, ou bien relever son écharpe, faire semblant de repartir — laisser derrière soi ce magasin de porcelaine et s'étonner de n'avoir rien cassé, de n'avoir pas troublé l'eau légère d'un rêve où l'on a cru se refléter.

Des gestes de l'amour aux jardins de l'enfance

Oubli c'est le plaisir, bonheur c'est la mémoire. Après l'amour remontent les images ; car l'amour c'est un peu les deux, plaisir aigu comme une joie d'enfant, et puis mélancolie paisible d'être deux dans le temps retrouvé, dans l'eau fragile et douce du temps mesuré. Quelqu'un de malheureux a dit qu'après l'amour on était triste. La phrase a traversé les siècles, et c'est un peu dommage ; imaginer que tant de couples ont ressenti la vérité de ces mots-là, se sont sentis après l'amour séparés ou honteux, diminués, solitaires, au fond de l'âme fatigués, déçus de retrouver le temps qui coule après l'arrêt du temps. C'est vrai, c'est triste, après l'amour, quand on ne s'aime pas vraiment, mais moi je t'aime, après l'amour c'est merveilleux. La fatigue devient bateau pour un très lent voyage ; il y a juste la place au creux de mon épaule et tu te loves contre moi. Ensemble nous avons connu de regard à regard quelques secondes rondes de plaisir, aiguës comme un éclat d'enfance — à la douleur physique, je n'ai jamais trouvé d'explication, mais au plaisir celle-là me suffit : retrouver l'absolu du haut pays d'enfance, pour quelques miettes de temps pur.

Plaisir, bien sûr, c'est oublier, mais quelque part aussi c'est la mémoire, et le temps arrêté s'arrête en souvenir du temps où il ne se passait pas. Souvent dans le plaisir viennent des sensations lointaines — l'autre jour, l'odeur chaude des copeaux frais dans l'atelier de mon grand-père, pourquoi ?

L'amour est un jardin secret des grands. Ils se cachent pour ça, et se touchent humblement avec une jolie confiance, et moins d'orgueil que dans la vie. Ce sont des gestes transparents, plus hauts que des paroles, et qui ne mentent pas ; des gestes simples et qui font mal quand on les manque, parce qu'ils révèlent alors comme un défaut de l'âme, les mots n'y peuvent rien. Ce sont des gestes fous, un peu naïfs parfois, et d'autres gestes d'une ampleur sereine. On parle ce langage sans l'avoir appris, mais il faut écouter, apprendre à recevoir, attendre pour donner. On aime ce langage pour lui-même, mais on sent bien qu'il mène quelque part. Chacun choisit le nom du cercle de lumière au bout de son allée. Que la lumière est belle, au bout de l'allée la plus longue ! Chacun choisit. Moi, les gestes de l'amour me mènent à l'enfance. Je suis dans tes six ans, après, quand tu te blottis contre moi, tu me rends la moitié du monde, souviens-toi. Je mange des groseilles dans le jardin de Chaponval, heureux dans mon plaisir, mais quelque chose monte doucement, acide et fort, le monde n'est plus tout à fait rond, pourquoi ? Toi, tu joues dans le square, en face de chez toi, Paris bourdonne tout autour. Le casque noir de tes cheveux voltige. Tu rêves d'une corde à sauter aux poignées de couleur framboise. Tu regardes une ronde et tu n'y entres pas. Je ne te connais pas, mais quelque part flottent dans l'air au milieu de l'été ces couleurs groseille ou framboise, comme un début de solitude, un battement de cœur...

Après l'amour nous sommes ensemble ; je retrouve un jardin ; au bout, je pousse lentement la grille de ton square. Il me manquait depuis toujours, je ne le savais pas. Après l'amour ne bouge pas. Dans le creux de nos bras reviennent les images, nos corps se confondent en enfance, il faut rester longtemps.

Au plafond de la chambre est accroché un cerf-volant, comme un oiseau fuchsia dans un ciel immobile. Juste en face du lit, un poster de Folon, couleur de sommeil pâle ; au premier plan, une main ouvre un voile bleu d'opale, découvre à l'infini les dunes du silence, désert profond et doux, rose orangé, couleur de soir extrême, ou d'aube imperceptible. Dans le ciel au-dessus, un homme crie dans une bulle, prisonnier de la transparence, comme un soleil diaphane au-dessus des collines où l'on s'efface, où l'on s'endort. Au-delà des corps de dune, c'est le cri du plaisir, peut-être, assourdi dans l'espace au bout d'un grand voyage abstrait dans la douceur du sable, un cri lointain mais qui propage d'autres courbes, des ondes de mémoire au-dessus de l'oubli.

Après l'amour, tu viens dans mon épaule, et je regarde au bout du monde au bout du lit cette image vertigineuse et familière où l'on peut tomber en rêvant, se perdre lentement, se retrouver, comme en sommeil, comme en amour, jusqu'à l'enfance.

Tableau XIII

Route du Mont Frileux, Chemin de la Verrerie, Allée des Framboisiers, Rond de la Mare aux Saules : sur des petits panneaux de bois cloués aux arbres, ce sont les noms de la forêt. Allée des Framboisiers. On sait très bien qu'il n'y aura pas de framboises, mais on s'avance dans ce mot sous le couvert des chênes, à la fin du printemps, et l'air embué de fraîcheur semble mouillé de ce parfum, d'une promesse fragile et veloutée. Bien après la maison du garde, le chemin se rétrécit, s'infléchit sur la droite et peu à peu descend vers la lisière. C'est la forêt-jardin, un peu plus claire à chaque pas, et le ciel entrouvert garde dans sa lumière un peu de cette idée framboise...

Rond de la Mare aux Saules on est au Moyen

Age, en devinant juste à côté du carrefour de voies civilisées tout un espace glauque aux limites incertaines, où le sol se dérobe sous des herbes longues et vernissées. L'hiver y squelettise les chimères, un brouillard froid s'attache aux branches noires sur l'eau grise... L'été, le cœur du sortilège d'eau ce rétrécit, mais une vie étrange y cache les mystères, des buissons resserrés côtoient les saules morts, fantomatiques, couchés dans des poses crispées, criant dans le silence vers le ciel...

Rond de la Mare aux Saules, Allée des Framboisiers, le Moyen Age et le jardin, la flânerie légère et le secret du temps, la forêt tout entière balance entre ces mots magiques. On s'y avance au bout du monde, mais on est encerclé. On y invente en même temps le désir de se perdre et la surprise de s'y retrouver. A l'abri, en danger, à l'ombre des noms familiers, c'est le chemin des jours dans une cathédrale.

Au début de l'été, tout change en quelques jours. En quelques jours, le tapis d'or pâli des fougères éteintes disparaît sous l'assaut vert fragile des crosses neuves recourbées qui se déploient en palmes de fraîcheur. Les buissons de genêt mélangent leur couleur soleil et ce parfum sucré qui fait penser déjà aux pluies d'été, fouilleuses de mémoire. Bientôt naissent les digitales vénéneuses, dans la chaleur humide, languissante. Digitale. Le mot a la douceur et la sexualité meurtrie, un peu amère, de la fleur, d'un rose-mauve au creux de son calice, et qui pâlit en s'évasant au jour, au bord des lèvres menacées, diaphanes. On les cueille parfois, en rêvant d'installer chez soi cette impalpable luxuriance. Le résultat est décevant. Domestiquée, la digitale s'en tient à une grêle nudité ; dans la transparence du vase, les clochettes pleurent l'ennui en larmes un peu gluantes d'humeur triste. Domestiquées, les branches des genêts se fripent et perdent en moins d'un jour des pétales en papier qui n'ont plus de parfum.

Comme aux coquelicots la vague des blés d'herbe, il faut aux fleurs de la forêt d'été cet espace magique entre la Mare aux Saules, l'Allée des Framboisiers, ce silence de bois, de feuille et d'eau troublante. On n'apprivoise pas vraiment ; on longe les allées, les couleurs, les parfums, en les tenant sans les tenir, et ce sont eux qui nous inventent.

Le temps de l'arbre rouge

Je suis arrivé dans ce monde ; je ne venais pas du hasard. Longtemps j'ai cru que le bonheur était l'enfance. Je suis peut-être mal placé pour en parler, tant la mienne fut claire et protégée. Mais ça n'est pas du tout ce que je voudrais dire. Enfance heureuse ou malheureuse, banale ou merveilleuse, bien sûr ça compte, mais ce n'est pas ça. L'enfance, c'est d'abord l'intensité, je crois. Force de tout, couleurs, parfums, images. Être neuf et sentir plus grand, plus large. On ne sépare pas encore, on est le livre que l'on lit, fille et garçon, regard et paysage... C'était plus fort que le bonheur, et mon bonheur ne serait rien s'il ne gardait au fond de lui cette écharde magique et douloureuse.

Il y a eu ce monde rond que rien ne limitait. Une rumeur vague en reste, presque rien. Et ce serait bien dérisoire de chercher vers ce presque impossible passé, frontière incertaine de la conscience, s'il n'y avait au bout la certitude de trouver — de retrouver — cette île ronde où la mémoire rêve d'aborder.

Conscience d'un bébé, eau dormante et trompeuse, quelle est l'épaisseur du silence ? Il y a pourtant des déchirures, des affleurements. J'ai moins de deux ans ; je le saurai, plus tard. On me promène encore en landau et je ne parle pas. Brutalement et pour quelques secondes, je sors d'un long sommeil. Simone me promène sur la route de Pontoise. Une voisine l'interpelle depuis son jardin. Je vois la pierre du muret, je comprends ce que dit cette femme, ce que je suis pour elle et pour ma sœur. Les phrases viennent. Des enfants courent en se disputant devant la maison. La dame rit, me désignant :

— Celui-là est bien plus mignon !

Les gestes, les rapports, les idées, les couleurs, je suis soudain à la surface et tout gronde. Je n'éprouve pas mais je suis, c'est trop fort, trop fort ! Le calme à nouveau ; ce long sommeil trompeur qui me reprend après cette vision flottante, avant même le souvenir.

Je suis. Depuis l'enfance et les premiers repères — un arbre rouge et creux, juste devant la porte de la cuisine, à Chaponval. Un arbre où je pénètre, à peine le repas fini, et l'on m'oublie. Une cour d'école et le silence du jeudi ; quelques tilleuls, et, près de l'urinoir où chuinte infiniment l'eau fraîche sur l'ardoise, ma voiture à pédales, un peu petite déjà — mes genoux buttent contre l'habitacle vert pâle. Tout près, en contrebas, un grand jardin — car tout est grand, dans ce pays. On y descend par des marches taillées dans la terre. Je mange des groseilles infiniment, très sage et lent dans mon plaisir sucré-acide, vert un peu tendre de la feuille, soleil amer du fruit, bonheur qui agace les dents.

Déjà je suis un monde. Je me sens bien ici, trop bien, comme si de cet accord avec les choses de la terre naissait une exigence. Le monde est là ; il se ressemble, et c'est le mien. Dans l'arbre rouge je suis tout près de la maison, mais je ne la vois plus. Il y a beaucoup de branches basses, et c'est facile de grimper, de s'asseoir confortablement en plein cœur de cette boule aux feuilles fades. Souvent, j'en passe une sur mes lèvres : amertume fidèle, saveur insipide de la feuille et du bois de ce prunus abstrait qui ne donne pas de fruits, ne donne pas de rêves, mais un grand silence dans la mémoire, une paix lie-de-vin pour accueillir ce goût de solitude et de temps arrêté.

Je me sens bien ici, trop bien ; déjà certains soirs m'interrogent cependant, me demandent quelque chose... J'ai cinq ans. On fête le Quatorze juillet, qui est aussi le dernier jour de classe. Une retraite aux flambeaux a été organisée, avec défilé costumé jusqu'à Auvers, en passant par les petites rues du coteau du Valhermeil, peintes par Cézanne. Mais c'est la nuit, plus de minuit sans doute, et ce n'est plus le bleu Cézanne, mais un noir de vertige plein de rumeurs, de fumées vertes, de pétards et de feux de bengale. J'ai voulu suivre le cortège ; vite fatigué, j'ai trouvé refuge dans la camionnette de la mairie, une 2 CV fourgonnette qui précède le défilé. On a installé à l'arrière un phonographe qui dispense inlassablement la « Marche des zouaves ». J'ai juste la place pour me tenir accroupi près du disque qui tourne, m'étourdit d'un fracas militaire. Le nez collé à l'une des deux vitres oblongues, étroites, à l'arrière de la voiture, je vois marcher, tout près, des soldats costumés d'un autre temps, que je n'évalue guère. Il y a de la fumée ; quand elle s'évanouit, la nuit du coteau menaçant. La musique et le froid, le sommeil qui me gagne et ces images si nouvelles... C'est la fête et j'ai peur, si délicieusement peur dans la fumée verte.

Je garde cet instant ; j'ai sommeil et je ne m'endors pas. Je sais qu'il faut garder tout cela. Je le garde sérieusement, du haut de mes cinq ans accroupis près du gramophone. Je ne me dis pas « le temps s'arrête », mais je sais que quelque chose d'important se passe, que je n'en suis pas seulement le spectateur. Cela doit exister en moi. Le défilé poursuit sa ronde, son mélange de musique et de fureur devient de plus en plus exigeant, me demande quelque chose que je ne sais pas donner. Alors sans doute je m'endors dans la petite camionnette.

La fumée verte et la rumeur s'éloignent, se dissolvent dans d'autres images. Mais quelque part en reste le désir de les revivre, et de les détacher de moi. Je ne m'en souviendrai pas souvent. Mais il y aura beaucoup plus tard des élancements douloureux, l'impression de perdre mon temps, le remords de ne pas savoir le dire. Derrière ce sentiment abstrait, je saurai qu'il y a des images, comme la nuit du défilé, que le remords est là, dans la mémoire informulée, hésitant à retrouver la vraie couleur des jours, hésitant devant la douleur de retrouver vraiment.

Que reste-t-il de cette fièvre, devant la page blanche du matin, dans la maison tranquille d'aujourd'hui ? Une voiture passe dans la rue ; le crissement des roues me dit qu'il doit pleuvoir. J'entends Vincent se retourner dans son lit. Plus de deux heures encore avant quil ne parte pour l'école. J'envie un peu ce bonheur de se rendormir. Moi je veille et j'attends. Sérieux dans mon silence, je cherche raisonnablement, avec des rites d'encre et de papier, une fièvre lointaine. Je suis au bord des mots. Au bord de leur fraîcheur ancienne, quand on les apprenait. Je me souviens...

Au cours préparatoire, on accrochait au début de l'après-midi une gravure pour la leçon d'observation. De la taille d'une carte de Géographie, l'image ressemblait plutôt par son sujet à celles qu'on gagnait à la fin de la semaine. C'était « Le jardin potager », « La moisson », « La cueillette des pommes ». Il y avait toujours un grand silence dans la carte, même au plus fort de la moisson. Les gens qu'on voyait là, jardinier et sa femme, paysan, paysanne, enfant à califourchon sur un arbre, étaient si calmes, arrêtés dans l'espace. On ne pouvait imaginer le jardinier se disputant avec la jardinière, le paysan avec la paysanne. C'était une autre vie. Dans les couleurs, qui se voulaient sans doute vives, et que quelques années d'usage avaient doucement estompées, dans ces ciels bleu pastel aux nuages barbe à papa effilochés et mous, je plongeais mieux que dans un rêve. Car on parlait de la réalité, sur ces images qui montraient la vie des gens. Je me cachais dans la réalité ; peu à peu, je ne répondais plus aux questions. Lenteur de ces images, et de la vie, tout près. Le tablier bleu marine du jardinier, avec son ample poche si pratique ; la feinte austérité de son regard sous le chapeau de paille. Sourire de la paysanne qui donne du grain aux poules ; son geste suspendu flotte sur la cour de la ferme, et tout est courbe et doux, les gens, les bêtes et le soleil.

C'était un univers un peu désuet par sa paix idyllique, dans un temps où déjà Mickey nous proposait chaque semaine, pour trente francs, la luxuriance de ses pages bariolées. Mais c'était la fraîcheur de la voix de ma mère — oui, c'est bien elle, cette institutrice si doucement sévère qui fait le monde clair, couleur de sa blouse bleu pâle. C'étaient les cheveux noirs de Violette devant moi — je l'aime, et ne le lui dis pas... Bonheur, lenteur, silence...

Dans le livre de lecture, nous avions droit à des illustrations tricolores, avec un rouge un peu grenade, un bleu très délavé, et puis le blanc... J'aimais les deux héros, Colette et Rémi, qui par magie semblaient échapper de temps en temps à leur condition enfantine. Sur une page, Rémi faisait même de la moto. Un dessin l'attestait, et le gravait dans la mémoire. Bien sûr, la fin du texte disait bien que ce n'était qu'un rêve.

Cette page est en moi. Je l'avais lue en classe, et puis j'étais tombé malade. Alors, dans la fièvre de ma chambre, seul, l'après-midi, reprendre la page du livre et mélanger le rêve de Rémi, et ma fièvre qui cogne. Rémi dévale une route en lacets. Il ne sait pas conduire. Arrêter cet instant : danger, vertige, et plaisir défendu. Ma main glissée dans la fraîcheur des draps semble grandir, et le malaise de Rémi. Les murs deviennent immenses, et le sol de la chambre glisse à flanc de montagne.

Je suis une page de livre. La fraîcheur des couleurs et la fraîcheur des mots. Le temps qu'on reste sur la page. Un jour, la leçon de lecture. Cela dure peut-être une heure ; mais le temps pour toujours a tenu là, rouge grenade et bleu. La page qu'on a regardée bien avant la leçon, la page libre, abstraite, où la moto de Rémi descendait sans les mots. La page qu'on a lue en classe, et qui curieusement n'emprisonne pas le dessin. Bien sûr, les mots vont quelque part, un peu rigides ; mais le dessin n'en devient que plus libre, flotte à jamais ailleurs, partout. Je suis Rémi, et je lève les yeux. Au coin de la fenêtre, le ciel est un peu gris. Violette lit la page à haute voix.

Sur la table où j'écris aujourd'hui, dans le petit matin d'hiver, je suis presque celui d'hier ; parfois, je m'abolis dans des couleurs anciennes. Je peux ouvrir comme autrefois un album de bandes dessinées, replonger avec délices dans un monde qui fut le mien ; et plus qu'un univers, c'est un bonheur qui se réveille alors. La seule couverture d'un album de Tintin me met encore en lisière d'un pays unique, désirable et promis. C'est *L'affaire Tournesol*, avec Tintin et le capitaine Haddock cachés derrière un rocher ; une patrouille syldave menaçante passe tout près d'eux — des hommes armés, casqués, dans un vert sombre de forêt slave. Je vis comme avant la peur qui les étreint d'être découverts. Je deviens l'humidité, l'odeur même de la forêt où ils se sont réfugiés. La première page de l'aventure ne dissipe en rien cette faculté reconquise de devenir les choses. Haddock et Tintin se promènent dans la campagne autour de Moulinsart ; je pénètre sans effort dans cette ambiance tranquille qui prélude à la tempête de l'aventure. Le geste du Capitaine agitant sa canne, celui de Tintin suçotant un brin d'herbe se confondent dans une même paix ; les champs de Moulinsart envahissent ma chambre. C'est Moulinsart, mais c'est une campagne à moi — à moi cette odeur de terre humide et de tabac brun, ce silence d'après-midi sur les champs de l'automne. Mais bientôt le charme s'affaiblit, les couleurs s'atténuent, les odeurs s'évanouissent. Quelque chose en moi refuse aujourd'hui le déroulement d'actions que l'histoire va proposer.

Je voudrais un Tintin absolu, poétique — il se noie dans l'événement. Seul demeure le monde virtuel des premières pages.

J'ouvre *L'affaire Tournesol.* J'ouvre *L'île au trésor*, ce paradis de la frayeur. Ah ! ces coups qui cognent à la porte d'une auberge dans la nuit anglaise. A l'Amiral Benbow, tout est menace, le rhum enflamme la colère. Dans la flamme dansante des bougies qui fait les ombres gigantesques, Jim et sa mère s'effacent au long des murs ; à travers leur regard je vois ces hommes durs, corsaires échoués, pleins de violence et de rancœur. La porte de l'auberge est fermée, mais des coups l'ébranlent dans la nuit ; le dehors noir envahit le dedans. Dehors, tout près, c'est la mer, la falaise, et les pluies qui désossent les marins. Il y a ce clair de lune menaçant. L'aveugle abandonné par ses compagnons de rapt hurle sur le chemin :

— N'abandonnez pas le vieux Pew, camarades ! Pas le vieux Pew !

Cette solitude mortelle de l'aveugle dans la nuit. Je revois cela. Surtout ne pas relire *L'île au trésor.* Me souvenir simplement de ma chambre, où le dehors aveugle ne pouvait pas vraiment entrer, mais j'y croyais en même temps que je n'y croyais pas, et c'était ça le bonheur de lecture, la terreur de lecture.

Plus loin dans le livre, il y avait le fort dans l'île, et ces comptes d'apothicaire qui mesuraient pour les assiégés le temps à résister : trois pistolets, deux fusils, des vivres pour dix jours, un baril de poudre. Le fort était mon lit. Je m'inventais des munitions, des vivres, avec quelques pièces trouées, des biscuits, un pistolet à eau — un temps limité de survie pour mieux sentir le prix menacé du présent.

J'étais Jim Hawkins, et j'étais l'aventure. L'action justifiait tout. J'étais dans le présent du livre sans remords. Après s'être embarqué, Jim ne pense guère à sa mère oubliée à l'Amiral Benbow. Bien sûr, c'est le vertige de l'action qui conduisait à ces éclats : l'atmosphère effrayante de l'Amiral Benbow, l'aveugle dans la nuit, la fausse paix du port. Mais ce sont les éclats qui sont restés. Je ne relis pas *L'île au trésor.* Je rêve des éclats détachés de l'action — du temps très pur que rien n'attache.

Je lisais *L'île au trésor*, et puis j'essayais de dormir. J'avais peur de devenir aveugle en tombant dans le sommeil, de devenir comme un vieux Pew abandonné dans la pluie froide. J'avais très peur de perdre les images, et puis les images tournaient dans un cercle de feu, et je m'engloutissais dans cette absence du sommeil... Le lendemain, je me réveillais tôt, heureux de sortir de cette parenthèse de silence. Pour la nuit j'avais l'Angleterre et le danger. Mais pour le jour, tous ceux qui m'entouraient m'inventaient le bonheur, le parfum des dimanches.

Jean-Claude rentrait de son école le samedi soir. Il se levait plus tôt que moi — nous dormions dans la même chambre —, allait s'installer au piano dans la salle à manger. O ces phrases de Chopin égrenées qui me tiraient du sommeil, m'annonçaient le dimanche. Mélodie parfois syncopée, car mon frère aimait à transformer en jazz les morceaux classiques ; musique assourdie pourtant d'avoir traversé le couloir, et qui naissait de la paix même de la chambre. En tendant l'oreille, je pouvais entendre aussi la radio dans la cuisine ; ma mère accompagnait sa vaisselle matinale des émissions dominicales de Paris-Inter, où francs-maçons, catholiques et protestants avaient tour à tour la parole. Elle retenait ce qu'il y avait de bon chez chacun des orateurs, ce qui lui semblait sage et mesuré. Immobile dans mon lit, je laissais pénétrer en moi quelques minutes cette rumeur égale à elle-même du jour différent. Et puis je me levais, j'entrais dans ce monde, et j'y avais ma place. Mon bol était posé sur la nappe cirée, et sur la table à repasser ma chemise blanche, que je mettrais peut-être avec le tricot bleu, peut-être avec le beige...

Odeurs curieusement mêlées de l'encens et du marché, je me souviens d'un temps où les dimanches oubliaient de finir. Il y avait ce jour-là des rites différents ; autant de traditions, et guère plus de faste, mais comme un peu d'écume sur la chanson des jours.

Je revois un dimanche pas comme les autres, dimanche d'embuscade et de complicité. Sans rien dire à personne, Simone m'avait emmené chercher un cadeau pour la Fête des mères. Il avait fallu prendre le train ! Et le bonheur d'être mis dans le secret des grands. Nous avions mêlé nos fortunes — j'avais ouvert ma tirelire le matin

— et sans doute Simone avait-elle presque tout payé, les fleurs, la bouteille de parfum. Rentré à la maison, gonflé d'une fierté, d'un pouvoir nouveaux, je n'avais pu m'empêcher de confier à Maman :

— C'est un beau cadeau tu sais, il vaut neuf cents francs [1] !

Chanson plus familière, celle des réveils de tous les jours faisait battre elle aussi le cœur de la maison perdue. Assise à la table de la cuisine, Maman préparait les cahiers des petits. Je sais aujourd'hui qu'elle n'a rien d'une calligraphe. Mais ces modèles d'écriture qu'elle dessinait au début de chaque ligne me paraissaient magnifiques, quand je m'approchais d'elle en pyjama pour l'embrasser. Le jour entier serait comme ces lignes à remplir.

Debout, à peine appuyés contre l'évier de la cuisine, mes parents buvaient ensemble leur café, un peu plus tard, quand mon père avait fini d'allumer les poêles dans les classes. Ils parlaient doucement de la classe du matin ; parfois ils se taisaient. Comme ils étaient à ce moment proches et lointains. Le bonheur de ces minutes-là, c'est feindre de les ignorer.

Le bonheur de ce temps-là c'est ne rien dire, attendre, et tout garder. C'était si fort, alors bien sûr, après l'enfance c'est comme du bonheur qui ferait mal, quand les mots viennent la frôler. Tant pis. Je garde au creux de moi dans chaque geste d'aujourd'hui le temps de l'arbre rouge, l'enfance

1. C'était avant 1960.

claire et ceux qui l'inventaient. Le jour n'est pas bleu sans mémoire.

Tableau XIV

Je porte ce temps-là. Au creux de moi, il n'en finit pas de se défaire et de s'inventer, de se dissoudre et de reprendre forme. Cette brûlure longue est aussi mon bonheur. Je me conforte à la sentir se déplacer en moi, j'existe à la sentir me réclamer. Mon passé lourd me pèse dans les membres, me cogne la poitrine, se love aux recoins de mon corps.

Enfance. Sans le savoir, on pose la main sur une flamme. Elle brûle bleue comme un vin chaud, dans l'odeur de cannelle. Elle chante flamme dans l'obscurité ; on la regarde en souriant brûler, s'évanouir. On attend le plaisir d'après. On aime bien la flamme, mais elle brûle longtemps ; on est presque content quand on la voit décroître et s'abolir en rapprochant le plaisir du vin chaud. Il n'y a plus d'alcool, mais du citron, de la cannelle, et ce goût vague du vin sucré chaud. C'est le plaisir des grands, chaleur, présent, amer, sucré, et souvenir bleu de la flamme. On a passé la main sur la tempête bleue, au-dessus de la casserole. Maintenant on a bu. Maintenant seulement la main vous brûle. Enfance.

Les marées d'équinoxe

— Ça, c'est les marées d'équinoxe !

La dame a dit cela d'un ton catégorique, et un silence respectueux s'est installé dans la boulangerie. Les marées d'équinoxe ! Voilà pourquoi le ciel est gris ces derniers jours. Ici, personne n'y avait songé. Mais c'est tout simple, et si logique. Il suffit d'un cercle d'adultes pour que tout phénomène soit en quelques secondes aplati, rétréci, passé au moule rassurant de l'évidence cartésienne.

Par les nuits chaudes de juillet, quand les enfants regardent les étoiles, il y a toujours quelqu'un pour expliquer :

— Ça, c'est l'Étoile du berger. Sais-tu pourquoi on lui donne ce nom ? Et ça, c'est la Grande Ourse !

Sais-tu pourquoi ? Les enfants disent non, pour faire plaisir aux grands. Cela ferait tant de peine aux adultes si on ne laissait s'écouler la maigre explication qu'ils tiennent en réserve. Ils n'expliquent jamais la paix du soir, le poids du jardin endormi, l'odeur de la menthe sauvage, et la douceur du pull marin juste un peu rêche sur les avant-bras. Pourtant, c'est d'abord ça, regarder les étoiles. L'étoile disséquée, isolée de l'été, n'intéresse personne. Mais les grands sont ainsi. Ils font toujours semblant de posséder le monde, avec une petite phrase sèche et sans recours.

J'ai toujours fui les marées d'équinoxe et la Grande Ourse. Comprendre me casse les pieds, et m'empêche de regarder. Bien sûr, si tout le monde était ainsi... Mais après tout, nous sommes nombreux sur la terre, et j'en vois tant qui se soucient très peu de regarder ; chacun son luxe. En vieillissant, je dois d'ailleurs faire très attention pour préserver mon innocence. Je me surprends plus d'une fois à comprendre bien platement un paysage ; si les toits sont pentus c'est qu'il y a de la neige, et les maisons sont orientées au sud parce que parce que et gna gna gna... Cela ne va jamais très loin, mais ça m'ennuie quand même, et ça ne sert à rien. Chaque vallée soumise à l'érosion spectaculaire d'un torrent est un peu moins une vallée couleur de son talent singulier et magique, couleur de mes bonheurs, de mes chagrins qui veulent doucement dormir au creux de leur décor, sans savoir, sans chercher.

Dans la forêt, cela m'ennuie aussi de ne jamais me perdre tout à fait, de ne plus m'étonner que la sente Chou chou mène au chemin des framboisiers. Il faut se résigner, mais je résiste. Quant à Malause pour Noël dans la famille rassemblée les hommes jouent à la manille, je fais semblant de jouer ; je ne suis là que pour le petit verre de framboise et le plaisir de se toucher des coudes en disant des bêtises. Avant chaque partie, il faut m'expliquer de nouveau les règles. Elles ne rentrent jamais dans ma tête embrumée par les vapeurs tranquilles de ce peu d'alcool qui fait danser les rires des joueurs et les cris des enfants. Je ne joue pas à la manille, mais à Noël-en-famille-à-Malause, un jeu délicieux quand pour tout couronner on allume un cigare au creux du tripot sage.

Pour la lecture, c'est pareil. Je ne supporte plus les romans psychologiques où le tout-puissant narrateur écrase les climats en possédant les personnages. Les gens aussi sont un spectacle à regarder, et non un problème à résoudre. J'aime tout le silence, tout l'espace que me donne Le Clezio quand ses mots sans bouger disent l'orage qui s'avance. J'aime les personnages de Dhôte, insaisissables adolescents qui vont à bicyclette, et s'enfoncent dans les forêts. J'aime les peintres du bonheur, évidemment, et la lenteur des aquarelles de Folon. Tous ces regards me font du bien. Ils ne m'expliquent rien, mais par eux la terre est légère. Ils ne m'imposent rien, mais ils me font de la lumière, du silence, un espace accueillant où les rêves peuvent tenir.

J'aime bien le ciel gris, au début de l'automne. J'ai enfilé un pull d'hiver, et les feuilles sont belles. Ça sent l'école, la rentrée, la fin si douce de l'été. Tout ça n'est rien, sans doute. Peut-être simplement les marées d'équinoxe ?

Tableau XV

Elvira Madigan. Te souviens-tu de ce film étonnant, si beau et triste dans les forêts de Suède ? Deux amants condamnés par la société. Elle, funambule dans un cirque. Lui, officier, abandonne sa famille. Ils quittent tout, les autres et la rumeur des villes, pour un dernier été lumineux et poignant. Au bout, il y a la faim, la mort, car ils ne veulent plus jouer avec les hommes. Dans une saison douce au blond soleil d'éternité, ils ne jouent qu'à l'amour, et chaque instant devient comme un tableau impressionniste arrêté dans le temps. Comme le tragique est léger. Ils s'aiment dans les herbes hautes ; ils mangent à pleines mains des framboises à la crème. Elle prend la corde à linge de l'hôtel campagnard où ils se sont cachés. A contre-jour, elle marche sur le fil, entre deux arbres ; elle n'en finit pas de préserver son équilibre frêle.

Un jour, ils demandent à l'hôtel un pique-nique. Dans cette clairière isolée, ils déploient la nappe blanche. Des taches de lumière dansent sur la mousse... Ils ont du vin, des fruits, des gestes un peu trop vifs, des rires un peu trop hauts. La bouteille se renverse. Elle étend la main pour la redresser, mais lui, d'un étonnant réflexe, arrête au vol son geste. Elle lève un instant sur lui un regard étonné, puis, sans un mot, ils fixent tous deux la bouteille. Le vin s'écoule lentement sur la mousse au soleil. Si lentement. Le grave tombe sur l'instant léger, la mort n'est rien que la vie qui s'écoule. Bonheur, c'est la bouteille renversée dans le soleil de fin d'été, le temps qu'on a laissé se perdre, celui que l'on voulait garder. C'est un tableau, mais c'est un film aussi. Le temps s'arrête et le temps passe.

Le bonheur de José Corti

Je parle de bonheur autour de moi, ces derniers temps. Le mot n'a pas un grand succès. Bonheur ? On hésite un instant, on jette les syllabes dans l'espace. Elles s'envolent, trop légères, et les gens font la moue. Bonheur ? Non, pas vraiment. On lui préfère *paix, équilibre, harmonie.* Pourquoi ? La réponse tarde un peu, mais finit par se rassembler, de destin en destin, de visage en visage. *Bonheur* semble fragile, évanescent. *Paix* serait plus profond, plus ancré, plus durable, moins menacé par la couleur des jours ou le cancer. Une sérénité conquise, à l'abri des remous de la surface, peu souvent religieuse, mais définitive et personnelle. Passé un certain âge, *paix* recueille tous les suffrages. Les gens qui ont déjà souffert, et lentement pansé leurs blessures secrètes, n'aiment guère le mot *bonheur*, le trouvent niais ou douloureux, condamné à jamais par un passé trop lourd de peines.

Harmonie, équilibre, reviennent moins souvent, presque toujours suivis de réflexions sur l'accord mystérieux de l'esprit et du corps. Je n'aime aucun de ces deux mots. C'est la sagesse trafiquée, un mélange savant de yoga et de stress ; rien n'empêche rien, on est sportif, sexy, bons parents, on travaille, les gosses font de tout mais on ne les oblige à rien, on s'informe, on lit, on respire. Et la télé ? Presque jamais, tiens tiens. A la campagne ? Évidemment, mais avec le métier de Jean-Michel et les études des enfants...

J'aime bien *paix*; c'est le seul mot pour ceux qui ont perdu le goût des jours, ou ne l'ont pas trouvé. Mais pour moi, c'est *bonheur*; fragile, évanescent, léger surtout. Léger ; souvenez-vous, c'est le contraire de lourd, non celui de profond. Léger. Bonheur et bulles de savon, c'est le même début, cette consonne sourde, qui voudrait s'évanouir en dessinant un rond d'impalpable douceur. Bonheur et bulles irisées, transparence et reflet, même désir d'ailleurs dans la lumière. Mais *bulles*, à peine le b prononcé, s'envole et se confond avec le ciel par la magie bleue de ses l ; on ne voit plus les contours de son rêve, l'espace l'abolit. *Bonheur* fait seulement semblant de s'envoler. La première syllabe s'évanouit, mais la deuxième dure dans le grave et reste sur la terre, c'est un oiseau d'ici.

Bonheur. C'est un oiseau léger, et tant pis si ce mot a pris toutes les acceptions fâcheuses que pouvaient lui donner les hommes à godillots. On parle de l'insoutenable légèreté de l'être... Si l'on parlait un peu de sa lourdeur insupportable ? Bonheur, léger, fragile. J'aime ces mots, blessés d'avance et douloureux, qui savent la menace et s'envolent pour ça. Un enfant meurt. Un adulte déclare gravement que c'est insupportable. Non. Bonheur, léger, fragile, enfance à découvert, c'est pour être blessé mais s'envoler quand même, et rien n'efface rien, les lourds discours s'enfoncent dans la glaise.

J'ai lu les *Souvenirs désordonnés* de José Corti. Ce qu'il dit de sa vie, de son regard sur elle, m'a bouleversé. J'attendais la plénitude d'un destin achevé, l'image d'un homme simple et exigeant, pacifié, satisfait. Or, dans ces souvenirs, José Corti ne se présente pas comme un homme de paix, de destin poursuivi au-delà des blessures, mais comme un homme de bonheur. Il avait un fils. La barbarie le lui a pris, pour l'emmener dans une nuit tragique et incertaine. Depuis, tout est fini. C'est cela que j'appelle un homme de bonheur. Bien sûr il a vécu après, d'une vie passionnante aux yeux des autres. Il a dû rire, et s'enthousiasmer quelquefois. Mais son fils était mort, et tout au fond de lui c'était fini. Je sais ce qu'on peut dire de cette attitude. Elle n'est pas la plus courante, et je la trouve la plus belle, la seule vraiment digne, parce que l'indignité suprême c'est l'oubli.

Je suis de l'autre côté de la rive, mais je me sens tout près du regard de José Corti. Si quelque chose arrivait à Vincent, à Martine, je dirais c'est fini. Le bonheur, c'est d'avoir quelqu'un à perdre. Ce n'est pas vraiment triste, mais Camus avait raison — c'est ça, la tragédie. Je suis de l'autre côté de la rive, et mon bonheur léger me fera le cœur lourd. Je ne veux pas de carapace ni d'oubli. Que danse léger sur la terre le bonheur qui fait mal ; que chaque pas soit ce risque insensé sur la corde inutile. Vincent, Martine, je vous aime, je dis c'est ça le nom de mon bonheur, si je perds je vous garde et ne change pas les couleurs. Je suis de l'autre côté de la rive et mes mots n'ont pas peur, mais ils me brûlent flamme neige et ne dessinent pas d'Ailleurs. Le bonheur est léger, c'est un oiseau d'ici. Il n'a qu'un vol et pas d'oubli.

Voilà. Quelques tableaux et quelques bavardages, très loin de l'image que le siècle aime à se donner — et bien plus près sans doute de la vie que beaucoup y mènent. Le livre est toujours un thriller : le risque me poursuit, au fond de mon terrier.

Le siècle a mis dans le cœur de chacun cette idée de bonheur. Il aime à laisser dire cependant que le bonheur est impossible, ou ennuyeux. Je sais qu'il est possible. Et pour l'ennui... Ce qui est menacé ne peut être ennuyeux. Longtemps j'ai aimé la mélancolie parce qu'elle n'était que l'envers du bonheur, et qu'il la menaçait à chaque battement de cœur — cela s'appelle l'espérance.

Je n'ai pas raison d'être heureux. J'ai simplement beaucoup de chance, et cette envie de la nommer pendant qu'elle passe. Au théâtre on attend que la cerisaie soit mise en vente pour trouver les mots qui savent regretter les fleurs de neige. Je veux chanter ma cerisaie avant qu'elle ne soit à vendre. Un peu en retrait de ma vie, juste à côté des heures, je me suis arrêté. Bien sûr je n'ai pas tout écrit, mais j'ai choisi comme Larsson le côté du soleil, choisi de vivre en amitié avec les choses de la terre. Le spectacle était beau, je n'ai rien inventé. J'ai tout aimé de ses parfums, de ses couleurs, et du talent des personnages. Tableaux et bavardages. C'était un peu étrange de devenir ainsi le spectateur de chaque jour, et plus étrange encore de cesser de l'être en écrivant soi-même le mot fin. Si doucement s'installe avec ces derniers mots la mélancolie du bonheur. Est-ce que ça va durer ?...

Plein soleil à Léon, dans la lumière blanche, à contre-jour. Tu as ta robe un peu western à carreaux bleus et noirs, tes cheveux sombres relevés en chignon natté dansent sur fond de branches de noyer, les bras fébriles de Vincent passent et repassent sur les taches de lumière. Son rire sonne clair, s'arrête dans l'espace.

Table des matières
Tableaux et bavardages

CET OUVRAGE A ÉTÉ REPRODUIT
ET ACHEVÉ D'IMPRIMER
PAR L'IMPRIMERIE FLOCH À MAYENNE
EN AVRIL 1998

Éditions du Rocher
28, rue Comte-Félix-Gastaldi
Monaco

Dépôt légal : avril 1998.
N° d'édition : CNE section commerce et industrie
Monaco : 19023.
N° d'impression : 43691.

Imprimé en France